CONTEÚDO DIGITAL PARA ALUNOS

Cadastre-se e transforme seus estudos em uma experiência única de aprendizado:

1 Escaneie o QR Code para acessar a página de cadastro.

2 Complete-a com seus dados pessoais e as informações de sua escola.

3 Adicione ao cadastro o código do aluno, que garante a exclusividade de acesso.

6920298A6277180

Agora, acesse:
www.editoradobrasil.com.br/leb
e aprenda de forma inovadora e diferente! :D

Lembre-se de que esse código, pessoal e intransferível, é valido por um ano. Guarde-o com cuidado, pois é a única maneira de você utilizar os conteúdos da plataforma.

CB023302

CONHECER E TRANSFORMAR

[PROJETOS Integradores]

Maria Cecilia Guedes Condeixa (coordenação)
- Licenciada e bacharel em Biociências
- Professora e consultora em sistemas de ensino públicos e privados
- Autora de materiais educativos

Maria Teresinha Figueiredo (coordenação)
- Licenciada em Biociências e especialista em Educação Ambiental
- Professora e consultora em sistemas de ensino públicos e privados
- Autora de materiais educativos

Alpha Simonetti
- Mestre e doutora em Linguística e Semiótica Geral
- Professora na educação básica e artista de teatro
- Elaboradora e editora de textos educativos

Dulce Satiko
- Licenciada em Matemática e Pedagogia e especialista em Metodologia da Matemática
- Professora e consultora em sistemas de ensino públicos e privados
- Autora de materiais educativos

Gabriela Ribeiro Arakaki
- Licenciada e bacharel em Geografia
- Consultora em educação ambiental
- Elaboradora de materiais educativos

Rui Xavier
- Licenciado em História
- Dramaturgo e autor de literatura
- Elaborador de materiais educativos

Yanci Ladeira Maria
- Mestre e doutora em Geografia
- Pesquisadora na área indigenista
- Elaboradora de materiais educativos

Componentes curriculares: **Arte**, **Ciências**, **Geografia**, **História**, **Língua Portuguesa** e **Matemática**.

1ª edição
São Paulo, 2019

Dados Internacionais de Catalogação na Publicação (CIP)
(Câmara Brasileira do Livro, SP, Brasil)

Conhecer e transformar: [projetos integradores] 6/Alpha Simonetti...[et al.]; Maria Cecilia Guedes Condeixa, Maria Teresinha Figueiredo (coordenação). – 1. ed. – São Paulo: Editora do Brasil, 2019. – (Coleção conhecer e transformar)
Outros autores: Dulce Satiko Onaga, Gabriela Ribeiro Arakaki, Rui Xavier, Yanci Ladeira Maria.

ISBN 978-85-10-07586-2 (aluno)
ISBN 978-85-10-07587-9 (professor)

1. Arte (Ensino fundamental) 2. Ciências (Ensino fundamental) 3. Geografia (Ensino fundamental) 4. História (Ensino fundamental) 5. Matemática (Ensino fundamental) 6. Língua portuguesa (Ensino fundamental) I. Simonetti, Alpha. II. Onaga, Dulce Satiko. III. Arakaki, Gabriela Ribeiro. IV. Xavier, Rui. V. Ladeira Maria, Yanci. VI. Condeixa, Maria Cecilia Guedes. VII. Figueiredo, Maria Teresinha. VIII. Série.

19-27399 CDD-372.19

Índices para catálogo sistemático:
1. Ensino integrado : Livros-texto: Ensino fundamental 372.19
Iolanda Rodrigues Biode – Bibliotecária – CRB-8/10014

© Editora do Brasil S.A., 2019
Todos os direitos reservados

Direção-geral: Vicente Tortamano Avanso

Direção editorial: Felipe Ramos Poletti
Gerência editorial: Erika Caldin
Supervisão de arte e editoração: Cida Alves
Supervisão de revisão: Dora Helena Feres
Supervisão de iconografia: Léo Burgos
Supervisão de digital: Ethel Shuña Queiroz
Supervisão de controle de processos editoriais: Roseli Said
Supervisão de direitos autorais: Marilisa Bertolone Mendes

Supervisão editorial: Priscilla Cerencio
Edição: Rogério Cantelli
Assistência editorial: Felipe Adão e Ivi Paula Costa da Silva
Apoio editorial: Celeste Baumann
Copidesque: Gisélia Costa, Ricardo Liberal e Sylmara Beletti
Revisão: Alexandra Resende, Flávia Gonçalves, Gabriel Ornelas, Martin Gonçalves e Mônica Reis
Pesquisa iconográfica: Pamela Rosa e Priscila Ferraz
Assistência de arte: Daniel Campos Souza
Design gráfico: Andrea Melo
Capa: Andrea Melo
Imagens de capa: Tiwat K/Shutterstock.com, nubenamo/Shutterstock.com e balabolka/Shutterstock.com
Ilustrações: Bruna Ishihara, Carvall, Danillo Souza, Fábio Nienow, Hare Lanz, Hélio Senatore, Leonardo Conceição, Luis Moura, Luiz Eugenio, Osni & Cotrim, Paula Haydee Radi, Paulo José, Tarcísio Garbellini e Vagner Coelho
Produção cartográfica: Alessandro Passos da Costa e DAE (Departamento de Arte e Editoração)
Coordenação de editoração eletrônica: Abdonildo José de Lima Santos
Editoração eletrônica: JS Design
Licenciamentos de textos: Cinthya Utiyama, Jennifer Xavier, Paula Harue Tozaki e Renata Garbellini
Controle de processos editoriais: Bruna Alves, Carlos Nunes, Rafael Machado e Stephanie Paparella

1ª edição / 1ª impressão, 2019
Impresso na Meltingcolor Gráfica e Editora Ltda.

Rua Conselheiro Nébias, 887
São Paulo, SP – CEP 01203-001
Fone: +55 11 3226-0211
www.editoradobrasil.com.br

Caro estudante,

Este livro foi feito para você, que é antenado em tudo o que está acontecendo em nosso mundo. Quando falamos assim, talvez venha à cabeça notícias sobre problemas. Pois é, realmente há muitos fatos desagradáveis e desafiadores acontecendo. Mas há também um montão de coisas alegres e estimulantes. Há muitas meninas e meninos procurando saídas para os problemas, buscando juntar iniciativas, fazer redes de contato, comunicar suas descobertas.

Muitos jovens estão encontrando uma forma de se comunicar. Muitos jovens querem entender o que está acontecendo, buscar respostas. Foi pensando em como você pode fazer parte dessa turma inovadora que propõe soluções e contribui para um mundo mais animador que escrevemos este livro.

Conhecendo melhor os projetos de aprendizado e de ação aqui propostos, você verá que não é difícil manter-se bem informado. Logo encontrará uma forma de compreender e agir: aqui há muitas ideias para você pôr em prática e compartilhar o que aprendeu.

Você nunca deve considerar-se incapaz para as tarefas. Nem achar que já sabe tudo. Comunicando-se com os colegas e professores, trocando ideias e buscando a melhor saída para todos, você verá que pesquisar em grupo é muito mais interessante... O importante é ser criativo, imaginar soluções, buscar informação para contribuir, ouvir os colegas e apresentar ideias para sua gente.

O convite está feito. Vamos ao trabalho!

CONHEÇA SEU LIVRO

APRESENTAÇÃO

Aqui você ficará sabendo qual é o tema trabalhado no projeto e a importância dele em nossa vida.

DIRETO AO PONTO

Aqui será apresentada a questão norteadora, que vai guiá-lo para chegar ao final do projeto sabendo mais a respeito do assunto do que quando começou.

PROJETO 1

Imaginação e trabalho

Produzida há milênios, a arte não somente encanta o espírito humano como possibilita conhecer um pouco da vida de nossos antepassados. É uma maneira de se informar sobre seus hábitos, o que valorizavam e como percebiam e representavam o mundo em que viviam. Nas poucas situações em que não reflete a história, a arte possibilita perceber melhor esses aspectos porque nos coloca o tempo todo em contato com outras realidades, além de acionar nossa imaginação.

O trabalho sempre esteve presente no cotidiano, influenciando o desenvolvimento pessoal e familiar – e a arte certamente registra essa presença. Ao longo da história, os sistemas de trabalho e a relação das pessoas com ele mudaram muito. Na atualidade, presenciamos o surgimento de várias profissões, que ampliam nossas opções de escolha, de acordo com o modo que queremos viver e trabalhar. Por isso, a investigação desse tema é interessante e ainda nos aproxima bastante do trabalho artístico.

Há várias obras de arte que retratam a Antiguidade e a Idade Média. Algumas reproduzem cenas de trabalho. A imagem abaixo, por exemplo, é uma pintura feita durante a 18ª dinastia egípcia (1580 a.C.-1314 a.C.) na parede da tumba de um faraó. Ela mostra trabalhadores no cultivo e na colheita de trigo, cereal importante para a antiga sociedade egípcia.

- Você saberia citar alguma produção que retrate o mundo do trabalho de antigamente? Pode ser uma pintura, escultura, filme ou *video game* ambientado na Antiguidade ou Idade Média.
- Que trabalhadores você costuma ver em seu cotidiano? Que atividades eles exercem?

DIRETO AO PONTO

Como a Arte e a História nos ajudam a compreender diferentes significados do trabalho?

JUSTIFICATIVAS

- O trabalho sempre esteve presente na vida das pessoas. E, por meio da arte, é possível conhecer características sobre o trabalho ao longo do tempo. Ao apreciar e criar obras de arte, podemos perceber como alguns aspectos da vida foram um dia completamente diferentes do que são hoje e como outros continuam similares.

OBJETIVOS

- Conhecer, por meio de diferentes obras, formas artísticas que expressam realidades distintas e a imaginação humana.
- Investigar a importância do trabalho e as diferentes organizações da sociedade em outros tempos históricos.
- Explorar e criar várias maneiras de construir imagens.

QUAL É O PLANO?

Etapa 1 – Explorando o assunto

- Diferentes trabalhos, diferentes sociedades
- Imagens em composição

Etapa 2 – Fazendo acontecer

- **Proposta investigativa 1** – Mundo da mitologia greco-romana
- **Proposta investigativa 2** – Mundo Medieval europeu
- **Proposta investigativa 3** – Nosso cotidiano

Etapa 3 – Respeitável público

- Organização e seleção dos conhecimentos adquiridos
- Preparação e apresentação dos produtos finais

Balanço final

- Avaliação individual e coletiva

Avaliação continuada: Vamos conversar sobre isso?

Construção de um castelo em uma vila medieval, século XV.

JUSTIFICATIVA E OBJETIVOS

Você encontra razões importantes para desenvolver o projeto, com base na vida cotidiana e em conhecimentos aqui destacados.

DE OLHO NO TEMA

É o momento de dialogar a respeito do assunto, e você e os colegas expressarão suas ideias sobre ele. Para iniciar a conversa, será utilizada uma fotografia.

QUAL É O PLANO?

Neste momento serão apresentadas as três etapas principais do projeto, do início até a conclusão.

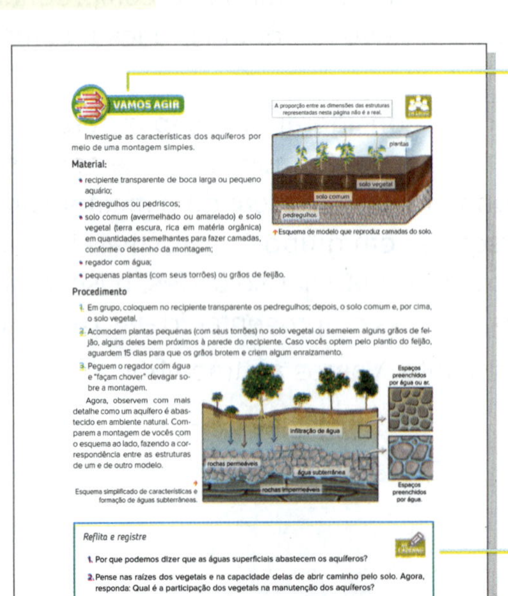

VAMOS AGIR

A proporção entre as dimensões das estruturas representadas nesta página não é a real.

Investigue as características dos aquíferos por meio de uma montagem simples.

Material:

- recipiente transparente de boca larga ou pequeno aquário;
- pedregulhos ou pedriscos;
- solo comum (avermelhado ou amarelado) e solo vegetal (terra escura, rica em matéria orgânica) em quantidades semelhantes para fazer camadas, conforme o desenho da montagem;
- regador com água;
- pequenas plantas (com seus torrões) ou grãos de feijão.

Esquema de modelo que reproduz camadas do solo.

Procedimento

1. Em grupo, coloquem no recipiente transparente os pedregulhos; depois, o solo comum e, por cima, o solo vegetal.
2. Acomodem plantas pequenas (com seus torrões) no solo vegetal ou semeiem alguns grãos de feijão, alguns deles bem próximos à parede do recipiente. Caso vocês optem pelo plantio do feijão, aguardem 15 dias para que os grãos brotem e criem algum enraizamento.
3. Peguem o regador com água e "façam chover" devagar sobre a montagem.

Agora, observem com mais detalhe como um aquífero é abastecido em ambiente natural. Comparem a montagem de vocês com o esquema ao lado, fazendo a correspondência entre as estruturas de um e de outro modelo.

Esquema simplificado de características e formação de águas subterrâneas.

Reflita e registre

1. Por que podemos dizer que as águas superficiais abastecem os aquíferos?
2. Pense nas raízes dos vegetais e na capacidade delas de abrir caminho pelo solo. Agora, responda: Qual é a participação dos vegetais na manutenção dos aquíferos?
3. Se o solo está poluído, o que acontece com os poluentes depois da chuva?

VAMOS AGIR

Traz atividades práticas, como experimentos, criação de modelos, pesquisas, entrevistas e muito mais.

REFLITA E REGISTRE

Orienta a conclusão dos procedimentos.

VAMOS APROFUNDAR

São atividades variadas para você checar os principais conceitos estudados por meio de questões que requerem leitura, interpretação e reflexão.

PENSANDO JUNTOS

Propõe, por meio do diálogo, a reflexão coletiva sobre determinada questão.

ATITUDES LEGAIS

Traz dicas para ajudá-lo a conviver em coletividade, trabalhando suas capacidades para o desenvolvimento pessoal e o de sua comunidade.

BALANÇO FINAL

É o momento de avaliar seu desempenho na execução do projeto.

APOIO

Aqui você encontrará indicações que auxiliam na busca de conteúdo a respeito do tema que está sendo explorado.

ÍCONES

 Oralidade

 Individual

 Em dupla

 Em grupo

 No caderno

SUMÁRIO

5
Cuidados na amamentacao
1
2
3
4
NO AR

Imaginação e trabalho

Produzida há milênios, a arte não somente encanta o espírito humano como possibilita conhecer um pouco da vida de nossos antepassados. É uma maneira de se informar sobre seus hábitos, o que valorizavam e como percebiam e representavam o mundo em que viviam. Nas poucas situações em que não reflete a história, a arte possibilita perceber melhor esses aspectos porque nos coloca o tempo todo em contato com outras realidades, além de acionar nossa imaginação.

O trabalho sempre esteve presente no cotidiano, influenciando o desenvolvimento pessoal e familiar – e a arte certamente registra essa presença. Ao longo da história, os sistemas de trabalho e a relação das pessoas com ele mudaram muito. Na atualidade, presenciamos o surgimento de várias profissões, que ampliam nossas opções de escolha, de acordo com o modo que queremos viver e trabalhar. Por isso, a investigação desse tema é interessante e ainda nos aproxima bastante do trabalho artístico.

DE OLHO NO TEMA

Há várias obras de arte que retratam a Antiguidade e a Idade Média. Algumas reproduzem cenas de trabalho. A imagem abaixo, por exemplo, é uma pintura feita durante a 18ª dinastia egípcia (1580 a.C.-1314 a.C.) na parede da tumba de um faraó. Ela mostra trabalhadores no cultivo e na colheita de trigo, cereal importante para a antiga sociedade egípcia.

Granger/Bridgeman Images/Fotoarena

- Você saberia citar alguma produção que retrate o mundo do trabalho de antigamente? Pode ser uma pintura, escultura, filme ou *video game* ambientado na Antiguidade ou Idade Média.
- Que trabalhadores você costuma ver em seu cotidiano? Que atividades eles exercem?

DIRETO AO PONTO

Como a Arte e a História nos ajudam a compreender diferentes significados do trabalho?

JUSTIFICATIVAS

- O trabalho sempre esteve presente na vida das pessoas. E, por meio da arte, é possível conhecer características sobre o trabalho ao longo do tempo. Ao apreciar e criar obras de arte, podemos perceber como alguns aspectos da vida foram um dia completamente diferentes do que são hoje e como outros continuam similares.

OBJETIVOS

- Conhecer, por meio de diferentes obras, formas artísticas que expressam realidades distintas e a imaginação humana.
- Investigar a importância do trabalho e as diferentes organizações da sociedade em outros tempos históricos.
- Explorar e criar várias maneiras de construir imagens.

QUAL É O PLANO?

Etapa 1 – Explorando o assunto

- Diferentes trabalhos, diferentes sociedades
- Imagens em composição

Etapa 2 – Fazendo acontecer

- **Proposta investigativa 1** – Mundo da mitologia greco-romana
- **Proposta investigativa 2** – Mundo Medieval europeu
- **Proposta investigativa 3** – Nosso cotidiano

Etapa 3 – Respeitável público

- Organização e seleção dos conhecimentos adquiridos
- Preparação e apresentação dos produtos finais

Balanço final

- Avaliação individual e coletiva

Avaliação continuada: Vamos conversar sobre isso?

Album/Bridgeman Images/Fotoarena

Construção de um castelo em uma vila medieval, século XV.

ETAPA 1 EXPLORANDO O ASSUNTO

Diferentes trabalhos, diferentes sociedades

A prática do trabalho já foi muito diferente do que é hoje. No período conhecido como **Paleolítico**, as pessoas viviam em grupos nômades e trabalhavam de forma coletiva, caçando e coletando aquilo que estava disponível no meio.

Já no período **Neolítico**, por volta de 12 mil anos atrás, grupos humanos aprenderam a domesticar animais e a cultivar espécies vegetais, o que chamamos hoje de **agricultura**. Nesse processo, esses grupos se fixaram nos territórios cultivados – formando aldeias – e organizaram a forma de trabalhar, plantando, criando animais e confeccionando ferramentas, entre outras tarefas.

Nas culturas grega e romana da Antiguidade Clássica (séc. VIII a.C.-séc. V d.C.), trabalhava-se com a pesca, o cultivo de alimentos, construções diversas e afazeres domésticos, entre outros. Essas atividades eram realizadas, muitas vezes, por prisioneiros de guerra escravizados e seus descendentes, que já nasciam escravos. Por outro lado, os afazeres da política, da guerra e da religião – próprios das elites sociais – não eram compreendidos como trabalho. Desses três tipos de atividade, as duas primeiras eram exclusivamente masculinas; somente na religião as mulheres das elites desempenhavam um papel relevante. Já o comércio só era permitido para os estrangeiros que viviam nas cidades, sem direitos ou proteção das leis.

Após a crise que deu fim ao Império Romano (séc. I a.C.-séc. V d.C.), o sistema baseado no trabalho escravo foi gradualmente substituído pelo sistema feudal, na transição entre Antiguidade e Idade Média (séc. V d.C.-c. 1500 d.C.). Nesse período, os trabalhos doméstico e agrícola eram feitos por servos. Como não eram propriedade dos senhores, eles moravam em suas próprias casas, mas não podiam sair das terras (que pertenciam ao senhor) e pagavam impostos com a produção de alimentos ou com a própria força de trabalho. O trabalho no campo era, de certa forma, diferente daquele realizado em larga escala hoje, pois dependia inteiramente dos ciclos da natureza.

No início da Idade Média, a Europa era predominantemente rural. Entretanto, sobretudo a partir do século XII, as cidades começaram a se multiplicar. Com isso, destacaram-se outros modos de viver e de trabalhar: comércio, artesanato e prestação de serviços desempenhados por plebeus (não nobres) e vilãos (habitantes das vilas). Assim como na Antiguidade, a religião, a política e a guerra permaneciam como ocupações da elite social, constituída então pela nobreza, e a condição social era hereditária: nobres tinham filhos nobres e plebeus tinham filhos plebeus.

Mas há diferenças importantes: se, no final da Antiguidade, o valor do dinheiro tinha se estabelecido, na Idade Média ele tornou-se secundário. Um valor em destaque então era a fidelidade mútua entre nobres e servos, cabendo aos primeiros proteger os que viviam em suas terras e nelas trabalhavam. Aos nobres vassalos também cabia a obrigação com seus suseranos, nobres com título de nobreza superior, sendo o rei o mais alto de todos.

Foto: DEA/A. DAGLI ORTI/De Agostini/Getty Images

↑ Esculturas de guerreiros romanos, século IV a.C.

No auge do Império Romano, exércitos reuniam milhares de soldados, que eram remunerados com um "salário". A origem dessa expressão é o uso do sal como forma de pagamento, produto que tinha alto valor na época, depois substituído por dinheiro.

VAMOS APROFUNDAR

1. Servos e escravos faziam a maior parte dos trabalhos para seus senhores. Segundo o texto, quais são as diferenças entre os servos do Período Medieval e os escravos na Antiguidade?

2. Quais valores fundamentavam as relações entre nobres e servos na Idade Média?

VAMOS AGIR

1. Pesquise os termos **escravidão** e **servidão** para ampliar sua compreensão sobre esses conceitos. Consulte livros de História, dicionários e *sites* confiáveis.

2. Amplie a atividade anterior pesquisando casos recentes de trabalho análogo à escravidão. Veja os exemplos a seguir, pesquise outros e compare essa forma de trabalho com aquelas da Antiguidade e da Idade Média. Elas são diferentes ou parecidas?

Werner Forman Archive/Bridgeman Images/Fotoarena

↑ Relevo romano mostra uma mulher e sua serva. Itália, c. 100 a.C.

Apu Gomes/Folhapress

↑ Costureiros trabalham em situação análoga à escravidão. São Paulo (SP).

PENSANDO JUNTOS

EM GRUPO

1. Compartilhe com a turma sua pesquisa e, juntos, façam o que se pede.
   a) "Vivemos em uma sociedade em que todos nascem livres para fazer suas escolhas." Essa afirmação confirma sua investigação ou a contradiz?
   b) Com base na pesquisa e na reflexão feitas em turma, escreva, individualmente, um parágrafo no caderno a respeito das mudanças e permanências no mundo do trabalho, expondo sua opinião. Em seguida, forme uma dupla e leia seu parágrafo para o colega. Ele deverá ajudá-lo a, se for o caso, complementar suas ideias. Faça o mesmo com o parágrafo escrito por ele. Por fim, a turma deve expor as composições finais em um mural na sala de aula.

Trabalho e indústria

É possível afirmar que a Antiguidade e a Idade Média eram, em certos aspectos, mais parecidas entre si do que com a Idade Moderna e a Idade Contemporânea – sendo essa última o período em que estamos. É bom lembrar que nos dois primeiros períodos, a principal fonte de energia para todas as atividades humanas era a força física de pessoas ou animais, com uso limitado da força dos ventos e das águas. Os objetos eram feitos manualmente ou com o auxílio de instrumentos e maquinários, que são considerados rústicos atualmente.

Contudo, ao final da Idade Média, ocorreu a expansão do comércio entre os reinos europeus, por meio do comércio entre as cidades, com destaque para Gênova e Veneza (ambas na atual Itália), envolvidas no comércio do Mar Mediterrâneo com regiões do norte da África, norte da Europa e Ásia. Esse processo estimulou maior produção de bens, fazendo florescer manufaturas coletivas, mais produtivas que as oficinas individuais. A crescente movimentação comercial trouxe acúmulo de riquezas, o chamado **capital**, para alguns setores da sociedade daquela época.

Museu Frans Hals, Haarlem

↑Gillis Rombouts. *A oficina de um tecelão*, 1656. Óleo sobre tela, 38,5 cm × 32 cm. A obra apresenta uma roca de fiar (à esquerda) e o tear manual (à direita).

Também no fim da Idade Média, dando início ao período chamado **Idade Moderna**, floresceram os primeiros Estados Modernos, que, aliando o acúmulo de capital ao conhecimento náutico desenvolvido até então, lançaram-se nos oceanos para romper as barreiras territoriais e comerciais em busca de novas rotas para as Índias. A chegada dos europeus ao continente americano e a diferentes partes da Ásia contribuiu para um grande acúmulo de riquezas pelos Estados e comerciantes.

Técnicas de produção mais ágeis e a acumulação de capital deram condições para que, séculos mais tarde, se desenvolvessem diversos avanços tecnológicos e transformações nas relações de trabalho: as revoluções industriais. Em um primeiro momento, conhecido como **Primeira Revolução Industrial** (meados do século XVIII a meados do século XIX), as máquinas eram movidas a vapor, gerado pela queima do carvão mineral; já na chamada **Segunda Revolução Industrial** (final do século XIX), passou-se a fazer uso da energia elétrica. Nessa época, teve início um movimento que estabeleceu uma economia baseada no consumo de bens em larga escala, cuja produção só foi possível pelo uso de máquinas cada vez mais produtivas.

Se, por um lado, as máquinas motivaram a queda de preço dos produtos, por outro, criaram um novo tipo de relação de trabalho com a qual convivemos até hoje: a relação do trabalhador com a máquina movida a energia não humana. Operários, não somente homens mas também mulheres e crianças, passaram a ser submetidos a longas jornadas de trabalho sem nenhuma segurança, com salários baixos e praticamente sem direitos assegurados.

Uma série de direitos trabalhistas, como salário mínimo e descanso semanal, além das associações de trabalhadores que temos hoje só existem em virtude do esforço das gerações anteriores, que aprenderam, ao longo dos anos, a se organizar politicamente para exigir – e conquistar – esses direitos.

VAMOS APROFUNDAR

1. A princesa Aurora, protagonista do conto de fadas e filme *Bela Adormecida*, entra em sono profundo ao espetar o dedo em uma roca de fiar. O que é uma roca de fiar? Pesquise a utilidade desse instrumento e associe seu uso ao quadro de Gillis Rombouts da página anterior.

2. Imagine que todas as suas roupas foram feitas à mão – tecido, botões, fios, costura etc. Com base nessa situação, imagine o tempo gasto para se produzir uma peça de roupa antigamente e na atualidade. São diferentes? O trabalho humano aumentou ou diminuiu ao longo do tempo? Explique.

3. A imagem ao lado retrata uma indústria têxtil estadunidense no início do século XX. Há elementos para supor o que as crianças estão fazendo? Com base nas hipóteses levantadas, na leitura do texto e em seus conhecimentos, discuta com os colegas o uso de trabalho infantil nas fábricas durante a Revolução Industrial.

Universal History Archive/UIG via Getty Images

Tecelagem nos Estados Unidos, em 1909.

PENSANDO JUNTOS

1. O pintor alemão Adolph Menzel (1815-1905) tornou-se conhecido por representar em grandes telas situações vividas pela coletividade, como nesta em que retrata o trabalho em uma fábrica de materiais de ferro fundido.

Album/Fotoarena

Adolph Menzel. *O moinho de ferro*, 1872-1875. Óleo sobre tela, 1,58 m × 2,54 m.

- Descreva o ambiente de trabalho retratado. É possível afirmar que se trata de um ambiente apropriado para a saúde ou prejudicial a ela? O que as pessoas do centro da tela estão fazendo? Descreva também as ações realizadas pelos outros personagens no quadro.

Imagens em composição

Trabalho para heróis

Para os gregos e os romanos da Antiguidade Clássica, os mitos eram fundamentais para a compreensão do mundo ao redor. Eles ajudavam a explicar questões diversas, a esclarecer a vida, a dar sentido à experiência humana. As narrativas mitológicas traziam um sentido em si e ofereciam ensinamentos para tudo que podia ser difícil de explicar, como os sentimentos, os conflitos, fenômenos da natureza etc.

Os mitos eram contados em episódios, como as séries de TV atuais, reunidos em uma grande coleção de histórias orais e escritas, conhecida como mitologia.

Entre os vários tipos de mito, um em especial será destacado aqui: aquele que narra o percurso de um herói. Esses personagens ganharam tanta relevância que estão presentes até hoje em filmes, desenhos e jogos.

- Você se lembra de algum herói que parece ser um mito antigo?
- Você conhece o grande herói greco-romano chamado Hércules?

Verzzh/Shutterstock.com

O personagem Hércules é um exemplo de narrativa de herói mitológico constantemente recontada. A lenda mais famosa sobre esse herói se refere a seus 12 trabalhos. Hércules, cheio de culpa por ter atentado contra a vida de parentes, busca perdão com sacerdotes daquele tempo. Então, para pagar por seus erros, ele é obrigado a cumprir 12 tarefas extremamente difíceis.

Na Antiguidade, os mitos já eram representados de forma artística em muitos objetos de uso diário ou decorativos. Algumas dessas obras ainda existem. O vaso retratado a seguir é um exemplo. Ele é todo decorado e, em um dos lados, vê-se o detalhe da luta de Hércules contra um monstro lendário, considerado até então indestrutível – a Hidra de Lerna.

1. Pensem em qual era a visão que as pessoas daquele tempo tinham desses heróis e compare com a visão que temos deles hoje. Na opinião de vocês, como podemos trazer o mito de Hércules para nossa realidade?

Na mitologia grega, a hidra era uma criatura semelhante a uma serpente venenosa com muitas cabeças. Ela foi morta por Hércules, no segundo de seus 12 trabalhos.

Album/akg-images/Pictures From History/Album/Fotoarena

Detalhe de vaso grego que retrata o combate entre Hércules e a Hidra de Lerna, c. 535 a.C.

Um mosaico de possibilidades

A imaginação e a sensibilidade na Antiguidade Clássica contribuíram para a produção de obras de grande beleza. Nas artes visuais, há vasos, esculturas, edifícios, afrescos (pintura em murais) e mosaicos. Observe mais este exemplo: um grande mosaico em que os 12 trabalhos de Hércules estão representados. Como vimos, segundo a mitologia, essas tarefas foram impostas ao grande guerreiro como penitências religiosas. Ele foi obrigado a cumprir tarefas extremamente difíceis e obteve sucesso na empreitada.

Azoor Photo Collection/Alamy/Fotoarena

Centro: um dos castigos por seu crime foi ser escravo da rainha Ônfale.

1. Morte do leão de Nemeia.
2. Morte da Hidra de Lerna.
3. Captura do servo de Cerínia.
4. Captura do javali de Erimanto.
5. Limpeza dos estábulos do rei Augias.
6. Morte dos pássaros do lago Estínfalo.
7. Captura do touro de Creta.
8. Captura das éguas de Diomedes.
9. Roubo do cinturão da rainha Hipólita.
10. Morte do gigante Gerião.
11. Roubo das maçãs das hespérides.
12. Captura do cão Cérbero.

↑ *Os doze trabalhos de Hércules*, 4 m × 5 m. Mosaico do século III d.C., característico da cultura greco-romana. Museu Arqueológico Nacional da Espanha, Madri.

VAMOS APROFUNDAR

1. Os mosaicos são colagens de pequenas peças sólidas, de cerâmica ou de vidro, geralmente sobre superfícies planas. Observe com atenção as cores empregadas e as formas obtidas com a colagem de cada pequena peça. Descreva o que observa.
2. Como o espaço do mosaico é dividido? Quais são as diferenças entre os espaços?
3. Observando cada quadro, o que podemos dizer sobre os trabalhos realizados por Hércules?
4. Qual qualidade ou característica de Hércules se destaca nas imagens?
5. Por que os trabalhos desse herói são contados até os dias atuais? Há semelhanças entre os trabalhos do herói e os trabalhos do dia a dia?

De onde vieram os heróis?

Os mitos contam que, em tempos remotos, os deuses viviam perto dos mortais, e às vezes tinham filhos com eles. Esses filhos eram chamados **semideuses**; não eram imortais como os deuses, mas também não eram humanos comuns. Eram sempre apresentados como seres superiores, não apenas por sua força sobrenatural, mas por sua honra, inteligência e sabedoria.

Em *Os trabalhos e os dias*, Hesíodo, poeta grego da Antiguidade, escreveu sobre esse tempo remoto contando o mito das Cinco Idades, momento em que deuses, semideuses e mortais (a humanidade) foram gerados.

Esse mito é dividido em períodos, descritos a seguir.

- Na Idade de Ouro, viviam em completa abundância, justiça e paz; os humanos morriam ao dormirem, sem dor ou contestação.
- Na Idade de Prata, Zeus criou humanos que viviam cem anos como crianças, até envelhecerem rapidamente.
- Na Idade de Bronze, os humanos só tinham habilidade para guerrear entre si.
- Na Idade dos Heróis, os humanos são mais justos e valorosos, o que deu origem à figura de Hércules e outros mitos, como a Guerra de Troia.
- A Idade de Ferro é aquela da qual o poeta diz infelizmente fazer parte, porque não se orgulha da injustiça característica do período.

↑ Aquiles, principal guerreiro entre os gregos na Guerra de Troia, era um semideus, filho da deusa Tétis e do rei mortal Peleu. Faz parte da mitologia do herói a história de que o único ponto vulnerável de seu corpo é o calcanhar, justamente onde foi atingido por uma flecha envenenada.

Registrando os heróis do dia a dia

Os heróis das lendas e dos filmes encantam o público com seus feitos. Uns têm força descomunal, outros são rápidos ou têm poderes mágicos etc. Mesmo que poderes mágicos estejam apenas na imaginação, os seres humanos revelam capacidades surpreendentes diante dos desafios no cotidiano.

Existem muitas profissões arriscadas, que exigem coragem dos trabalhadores. Envolvem enfrentar perigos para ajudar pessoas, como bombeiros e socorristas; mas há várias outras profissões arriscadas, por exemplo, operários que trabalham em estruturas muito altas, como prédios, pontes ou rede elétrica, ou expostos a situações de perigo, como em plataformas de petróleo ou metalúrgicas.

Enfermeiros, assistentes sociais, cuidadores, psicólogos, professores, entre outros, na maioria das vezes não enfrentam riscos físicos, mas são comprovados o estresse e o desgaste mental nessas profissões. Ainda assim, esses profissionais podem fazer grande diferença na vida das pessoas atendidas.

Vamos refletir sobre os trabalhadores que conhecemos.

aurielaki/Shutterstock.com

VAMOS AGIR

1. Inicialmente, tenham como roteiro as questões a seguir. Reflitam sobre elas e pesquisem as informações do modo mais completo possível.
   a) Quem são os trabalhadores que você observa no cotidiano?
   b) Onde eles trabalham?
   c) Como é o trabalho que realizam?
   d) Façam uma lista de características heroicas que as pessoas utilizam em seu trabalho: esforço, persistência, determinação, coragem, entre outras.

2. Vamos aproveitar a câmera dos celulares para registrar os trabalhadores que estão à nossa volta.
   a) Fotografem pessoas que trabalham em diferentes ambientes. É necessário pedir autorização prévia para isso. Veja o modelo ao lado.
   b) Escolham o enquadramento e a posição mais adequada para a pessoa estar (de frente, de costas, de lado, etc.) para que ela e o lugar apareçam na fotografia.
   c) Façam alguns cliques para poder escolher depois quais ficaram melhores. A seguir, vejam algumas dicas para tirar boas fotografias.
   d) Para concluir, escolham entre uma exposição digital de fotografias ou a organização de álbum impresso.

MODELO – AUTORIZAÇÃO PARA USO DE IMAGEM

Eu *[ESPAÇO PARA O NOME DA PESSOA]*, portador(a) da cédula de identidade nº *[ESPAÇO PARA O NÚMERO]* autorizo o uso de minha imagem em fotografias e filmagens pela equipe da Escola *[ESPAÇO PARA O NOME DA ESCOLA]*:

- para fins de trabalho em sala de aula;
- para fins de publicação em *blog* ou veículo semelhante da escola.

A presente autorização é concedida a título gratuito, e estou ciente de que as imagens serão usadas apenas para fins pedagógicos, e não comerciais, resguardadas as limitações legais e jurídicas.

[CIDADE], *[DIA]* de *[MÊS]* de *[ANO]*.

Assinatura

Olhar fotográfico

Atualmente, os aparelhos celulares oferecem diferentes opções de modificação do registro fotográfico.

Com variação de luz e filtros de cor o artista pode trazer uma atmosfera mais sombria ou mais luminosa à fotografia. Imagens cheias de pessoas ou objetos podem trazer muita informação, enquanto as vazias podem parecer misteriosas.

Os ângulos e pontos de vista da imagem entram no enquadramento, um dos elementos mais importantes dessa arte. Ele pode ser mais aberto (abrangendo parte do ambiente, por exemplo) ou mais fechado, como se pegássemos uma lupa para ver detalhes de algo específico (como uma pessoa). Outras posições do olhar produzem imagens vistas de cima para baixo ou de baixo para cima.

Amili/Shutterstock.com

APOIO

Enquadramentos: planos e ângulos (*Primeiro Filme*). Esse capítulo do livro virtual *Primeiro Filme* apresenta imagens dos diferentes tipos de enquadramento. Disponível em: www.primeirofilme.com.br/site/o-livro/enquadramentos-planos-e-angulos/. Acesso em: 11 abr. 2019.

Pintura, realidade e criação

Como vimos, na Antiguidade Clássica, a arte serviu como forma de expressão humana e registro de uma época; isso também ocorreu na Idade Média e em outros períodos da história, chegando à atualidade. A seguir, vamos compreender de que maneira a arte pode representar aspectos da realidade de seu tempo e, ainda assim, criar por meio da imaginação outras realidades.

Trabalho no campo

Na Idade Média, os servos trabalhavam nas terras dos nobres e tinham muitas obrigações a cumprir. Nessa pintura de um calendário do século XIV-XV (1401-1500), as cenas revelam o que deveria ser feito em cada mês ao longo de um ano.

Fine Art Images/Heritage Images/Getty Images

↑ Pietro de Crescenzi. "Trabalho para os doze meses do ano", calendário publicado em *Le Rustican*, c. 1460.

1. A pintura está dividida em quadros. Por que essa forma de apresentar as imagens ajuda a perceber a passagem do tempo?

2. Ao observar os elementos da imagem, podemos ver características do trabalho durante o período retratado. Interprete o que é mostrado nos quadros.

As festas

Nas aldeias, camponeses se encontravam e se reuniam em vários momentos do ano para celebrar marcos religiosos. Ainda que tivessem muito trabalho nos campos, participavam das festas e comemorações, que, em certas regiões da Europa, ocupavam cerca de um terço dos dias ao longo do ano.

Na pintura *Dança camponesa*, do holandês Pieter Bruegel (c. 1530-1569), vemos várias ações representadas no mesmo espaço. O pintor renascentista representa a realidade camponesa daquele período, quando as aldeias e cidades começavam a crescer. Analise a imagem e descreva algumas dessas ações.

Oleg Golovnev/Shutterstock.com

↑ Pieter Bruegel. *Dança camponesa*, 1568. Óleo sobre tela, 1,14 m × 1,64 m.

1. Escolha uma das pessoas que aparecem no quadro. Imagine que você está diante dela; pense em questões como: O que vocês estão conversando? O que estão pensando? Por que estão correndo? Do que estão brincando? Há quanto tempo vocês não se encontram? Escreva suas ideias.

2. Imagine outros elementos a respeito da pessoa escolhida no quadro: desta vez, pensando em como poderia retratá-la. Por exemplo: descreva aspectos do cotidiano (como foi o dia dela, refeições etc.) e perspectivas (sonhos e planos para o futuro) dela.

3. Troque sua criação com alguns dos colegas. Juntos, elaborem uma cena em que os personagens imaginados por vocês dialoguem.

4. Depois dessa troca de ideias, cada um deve desenhar os personagens e a cena criada pelo grupo. Escreva uma legenda para sua ilustração.

A pintura no século XIX

Com a Revolução Industrial, surgiram novidades que mudariam a vida das pessoas para sempre, por exemplo, trens, carros, câmeras fotográficas, cinema, entre tantas outras inovações tecnológicas. Ao longo do século XIX, período marcado por grandes transformações, muitos artistas passaram a retratar em seus trabalhos imagens que fugissem da intensa realidade existente; outros preferiram se inspirar na realidade como ponto forte dos temas abordados.

De um lado, os pintores que ficaram conhecidos como românticos e neoclássicos escolheram representar os pensamentos, as emoções e as lembranças das experiências vividas, os sonhos mágicos e o futuro. Por isso, se voltavam para aquilo que não podia ser captado com os olhos no mundo real.

Por outro lado, havia artistas preocupados com o que observavam no mundo e suas mudanças. Eles se perguntavam se as relações entre os seres humanos estavam também mudando.

Jean-François Millet (1814-1875) foi um importante pintor francês que participou do movimento artístico que ficou conhecido por **Realismo**. A relevância das obras de Millet reside no fato de que ele buscava representar o cotidiano do trabalhador rural da época de forma crítica, revelando as relações de trabalho que levam os trabalhadores à contínua pobreza, semelhante ao estado de servidão, característico do feudalismo na Idade Média.

Museu do Eremitério do Estado, São Petersburgo/Bridgeman Images/Fotoarena

↑ Jacques-Louis David. *Safo e Faon*, 1809. Óleo sobre tela, 2,25 m × 2,62 m.

As obras de arte neoclássicas resgatavam os mitos da Antiguidade Clássica, como se pode ver no quadro.

Museu d'Orsay, Paris/Bridgeman Images/Fotoarena

↑ Jean-François Millet. *As respigadoras*, 1857. Óleo sobre tela, 83,5 cm × 110 cm.

Ao término da colheita, depois que os grandes montes de espigas de trigo foram destinados ao proprietário das terras, os camponeses podiam recolher as sobras, que complementavam a baixa recompensa do trabalho árduo na colheita.

1. Observem os seguintes aspectos na obra de Jean-François Millet: planos de frente e de fundo, as regiões de luz e sombra, as figuras humanas e as tarefas desempenhadas. Anotem suas impressões.

2. Como os elementos observados apontam as condições de trabalho das camponesas retratadas?

1. Até este ponto do projeto, apreciamos algumas obras de arte e exercitamos a imaginação. Desse modo, já é possível discutir a questão a seguir.
   - Como as obras de arte os ajudaram a compreender o cotidiano e o trabalho em diferentes períodos da história?

Compondo imagens

Materiais e figuras de diferentes lugares podem compor uma única imagem. A colagem é valorizada como expressão artística, sobretudo a partir do século XX, em que desenho, pintura, fotografia, tesoura, cola e pedaços de papel entram no jogo de montagem ou composição.

1. Agora vamos elaborar uma composição. Siga as instruções e veja os exemplos a seguir.

Procedimento

1. Pesquise e selecione materiais que possam ser recortados para compor sua colagem. Escolha duas imagens de pessoas e duas de paisagens (com fundos variados).
2. Primeiro, imagine um personagem em um momento de trabalho. Depois, outro personagem em um momento de descanso e lazer.
3. Escolha uma base (uma folha em branco ou cartolina) e explore as possibilidades de montagem para compor a imagem. Somente depois de ter encontrado soluções criativas faça as colagens.

APOIO

A colagem como expressão atemporal, de Priscila Vasconcelos (*Design Culture*). Nesse artigo, você verá que muitos artistas exploram a colagem para compor imagens. Disponível em: https://designculture.com.br/a-colagem-como-expressao-atemporal. Acesso em: 11 abr. 2019.

↑ Fotomontagem *Cinelândia*, da artista Marcia Albuquerque, 2017.

↑ Fotomontagem *Mulheres*, da artista Marcia Albuquerque, 2016.

Imagens: Marcia Albuquerque

ETAPA 2 FAZENDO ACONTECER

Todos os grupos devem voltar à questão norteadora do projeto da seção **Direto ao ponto**:

Como a Arte e a História nos ajudam a compreender diferentes significados do trabalho?

Vamos coletivamente registrar uma resposta. Depois, iremos analisar as orientações gerais, para todos os grupos.

Orientações gerais

Em grupo

- Serão exploradas três épocas. Reúnam-se em grupo, conforme a orientação do professor, para se dedicar a uma delas.
- Compartilhem as criações feitas por vocês nas atividades da etapa anterior: desenhos, colagens e fotografias.
- Para as atividades a seguir, aproveitem suas criações em novas formas de composição das imagens.

Todas as propostas devem ser exploradas para que a produção final da turma conte com a investigação sobre o trabalho em diferentes épocas. Reuniremos essa produção em um livro de histórias em imagens. Elas devem contar as ações em série ou em sequência dos personagens criados em cada proposta.

As imagens elaboradas pelos grupos podem usar vários materiais misturados em formas de composição: desenho, pintura, fotografia, colagem, fotocolagem etc. Munidos de criatividade, podemos combinar elementos da realidade e da imaginação para viajar no tempo, dando vida a personagens do cotidiano ou seus mitos e heróis.

PROPOSTA INVESTIGATIVA 1

MUNDO DA MITOLOGIA GRECO-ROMANA

Meta

Aprofundar a pesquisa e a criação de personagem mitológico representativo do mundo da Antiguidade Clássica.

Primeira fase

Individualmente

1. Pesquise em livros e na internet histórias da mitologia greco-romana. Elas servirão de inspiração e fonte de informações para a criação de um personagem.
2. Crie esse personagem desenvolvendo os detalhes de suas características físicas, suas roupas e expresssão facial, e de sua personalidade, bem como a sua função no mundo.
3. Elabore uma imagem para expressar sua criação.

Segunda fase

Em grupo

1. Compartilhem suas pesquisas com os colegas de grupo para complementar as informações e trocar opiniões.
2. Criem um momento em que os personagens se encontram, imaginando cenas do começo, meio e fim desse evento.
3. Elaborem quadros em série, misturando as formas de composição que forem mais interessantes para expressar a criação coletiva.

PROPOSTA INVESTIGATIVA 2

MUNDO MEDIEVAL EUROPEU

Meta

Aprofundar a pesquisa e a criação de personagem representativo do trabalho no Mundo Medieval.

A Idade Média é o período entre o fim do Império Romano do Ocidente (séc. V) e o início da Era Moderna (séc. XV). Esse nome foi atribuído posteriormente, quando as pessoas estavam se propondo a resgatar aquilo que consideravam a "grandeza" da Antiguidade Clássica. Assim, a fase entre a Antiguidade e essa nova era passou a ser chamada de Idade Média, porque estaria no meio de dois períodos considerados mais importantes ou grandiosos. Hoje entendemos que compreender a história não significa julgar, por quaisquer critérios, qual período é melhor ou pior.

São algumas características da Idade Média:

- a fragmentação do Império Romano em sua parte ocidental;
- o encolhimento das cidades (era um mundo quase inteiramente rural);
- a presença e o poder da Igreja Católica nas questões de Estado e até mesmo no dia a dia das pessoas comuns;
- a sociedade dividida em três estamentos (grupos sociais rígidos): nobreza, clero (os membros da Igreja) e plebe (as pessoas não nobres).

Museu da Renânia, Bonn

↑ Cenas de produção agrícola medieval. Publicada no livro *O espelho da Virgem*, 1190.

Primeira fase

Individualmente

1. Pesquise em livros e na internet relações de trabalho no Mundo Medieval. Esse conteúdo servirá para a criação de um personagem.
2. Aprofunde seu personagem, criando aspectos da vida dele, definindo a qual classe social pertencia, representando suas roupas e expressão facial, ações no dia a dia, seus sentimentos e planos para o futuro, por exemplo.
3. Elabore uma imagem fazendo a composição que for mais interessante para expressar sua criação.

Segunda fase

Em grupo

1. Compartilhem as pesquisas para complementar as informações e trocar opiniões.
2. Criem uma ação em que todos os personagens da turma estejam envolvidos, imaginando um começo, meio e fim para ela.
3. Elaborem quadros em série para expressar a criação coletiva.

PROPOSTA INVESTIGATIVA 3

NOSSO COTIDIANO

Meta

Pesquisar e criar imagens do trabalhador no cotidiano.

Desde o século XX, muita coisa mudou no mundo do trabalho. Com o domínio da eletricidade a partir da Segunda Revolução Industrial, várias tecnologias foram criadas. Mais recentemente, a revolução da informática trouxe inovações nas comunicações, no entretenimento e no mundo do trabalho. A robótica e a inteligência artificial chegam a competir com humanos em postos de trabalho, gerando desemprego. Diversas profissões estão sendo reinventadas, novas profissões surgem e outras desaparecem.

O fotógrafo e agricultor Haruo Ohara nasceu no Japão e chegou ao Brasil em 1927 para trabalhar na lavoura. Suas fotografias registram com poesia os momentos de dureza da vida no campo.

Haruo Ohara/Instituto Moreira Salles, São Paulo

Fotografia de Haruo Ohara retrata o trabalho em fazenda de café. Londrina (PR), 1955.

Ainda que tais avanços sejam evidentes, a sociedade tem muito a fazer para garantir igualdade de direitos aos trabalhadores. Isso porque há um contraste vertiginoso quando se pensa em desenvolvimento. Afinal, ao mesmo tempo em que a tecnologia está cada vez mais avançada, é necessário combater condições semelhantes ao trabalho escravo, além de outras situações que impedem um bom desenvolvimento da sociedade.

Hoje, a maioria das pessoas pode escolher suas profissões independentemente de sua condição de nascimento, embora isso ainda esteja limitado a suas condições de vida e oportunidades de desenvolvimento. Superar as dificuldades tem sido o desafio dos trabalhadores na atualidade.

Primeira fase

Individualmente

1. Pesquise em livros, jornais, revistas ou na internet fotografias ou outras imagens em que pessoas estejam em seus respectivos ambientes de trabalho, na atualidade.
2. Crie a imagem de um personagem executando sua atividade profissional. Detalhe os equipamentos, ações e uniformes próprios daquela profissão.
3. Elabore a imagem fazendo a composição que for mais interessante para expressar sua criação.

Segunda fase

Em grupo

1. Compartilhem as pesquisas para complementar as informações e trocar opiniões.
2. Criem uma ação do dia a dia em que todos os personagens estejam envolvidos, imaginando um começo, meio e fim.
3. Elaborem quadros em série misturando as formas de composição que forem mais interessantes para expressar a criação coletiva.

ETAPA 3 RESPEITÁVEL PÚBLICO

É chegada a hora de finalizar as propostas investigativas feitas pelos grupos e comunicá-las para um público mais amplo. Todas elas se relacionam ao tema geral do projeto e à questão do quadro **Direto ao ponto** (página 9).

Os produtos finais são momentos de troca e de compartilhamento, entre os alunos, do que foi aprendido durante o processo. É justamente a participação de cada aluno nas apresentações de todos os grupos que possibilita a compreensão do tema deste projeto de forma mais ampla.

Neste projeto, as investigações sobre Arte e História promovem melhor compreensão sobre mudanças e continuidades no mundo do trabalho. Para a elaboração do livro, sugerimos que a turma:

- organize as narrativas por imagens, colocando as propostas investigativas em ordem cronológica;
- inclua os registros das atividades realizadas na **Etapa 1**.

Produto final

Um livro que reúna histórias em imagens de personagens e suas ações em três épocas, apresentando os diferentes significados do trabalho.

Avaliação coletiva

Em uma aula com os professores de Arte e História, toda a turma irá conversar sobre o desenvolvimento do projeto escolhido. Seguem algumas perguntas para nortear a conversa:

- No início do projeto, o que vocês pensavam sobre a questão norteadora?
- O que aprenderam com o projeto tendo em vista o que se propuseram a investigar?
- Os produtos finais conduziram ao problema e a propostas de solução? É possível elaborar mais propostas?
- Que outras investigações poderiam ser feitas em ocasiões futuras?
- A primeira resposta ao problema foi modificada ou ampliada? Se sim, em que aspectos?

Avaliação individual

Conclua a avaliação feita ao longo do projeto.

Andrew Hasson/Alamy/Fotoarena

↑ Apolônio de Trales. *Touro Farnese*. Museu Arqueológico Nacional de Nápoles, Itália.

Essa estátua romana de autoria incerta (século III a.C.) foi originalmente esculpida em um único bloco de mármore e é a maior estátua da Antiguidade totalmente restaurada. O trabalho dos artistas envolvidos em sua realização e dos que participaram de sua restauração representa quão elevado pode ser o talento humano e quão gratificante pode ser a dedicação em doar algo especial ao mundo.

PROJETO 2

De olho na poluição da água

A água é um recurso natural necessário tanto para quem mora no campo como para quem vive nas cidades. Muitas cidades, inclusive, foram construídas perto de rios porque assim garantiam o seu abastecimento, além de os rios poderem ser aproveitados para o transporte fluvial e para o lazer. Por sua enorme importância para a vida, a água é considerada um bem comum da humanidade.

No entanto, mais de 1 bilhão de pessoas no mundo sofre com a falta de acesso à água, seja para beber, seja para higiene, seja para cultivo de alimentos. Em certos lugares, parece que ela não tem fim, mas, em outros, a escassez é predominante e impõe desafios a todos os seres vivos. A conservação da água é uma necessidade cada vez maior diante do crescimento das populações, que modificam os ambientes e os poluem.

DE OLHO NO TEMA

A fotografia abaixo mostra um trecho do Rio Tamanduateí em São Caetano do Sul (SP), em janeiro de 2019. Ele nasce no Parque Ecológico Gruta Santa Luzia, em Mauá (SP), percorre 35 quilômetros e deságua no Rio Tietê, em São Paulo (SP).

Até o início do século XIX, esse rio era via de transporte fluvial e um dos pontos de lazer dos paulistas. Atualmente, a maior parte de sua extensão está canalizada e suas águas, poluídas, inclusive na proximidade de sua nascente.

Danilo M Yoshioka/Futura Press

- Em sua opinião, de que modo essa transformação modifica a paisagem e prejudica as pessoas?
- Há rios, represas ou mar em seu município? Essas águas são próprias para consumo humano, seja para beber, seja para nadar?
- A poluição é responsável pela falta de água potável. De onde a poluição vem?

DIRETO AO PONTO

De onde vem e para onde vai a poluição das águas?

JUSTIFICATIVAS

- Cada vez mais se discute a necessidade de usar bem os recursos hídricos e preservar os mananciais (fontes de água potável). Para isso, é preciso entender como diversos materiais se deslocam até alcançar as águas superficiais e subterrâneas.

OBJETIVOS

- Relacionar bacias hidrográficas e circulação de poluentes.
- Investigar a relação entre água da chuva, poluição e diferentes coberturas do solo em ambientes rurais ou urbanos.
- Ampliar o conhecimento sobre a infiltração da água no solo vinda da superfície.

QUAL É O PLANO?

Etapa 1 - Explorando o assunto

- Usos da água e a paisagem
- A água em casa
- A hidrosfera

Etapa 2 - Fazendo acontecer

- **Proposta investigativa 1** – Rios e seus sedimentos
- **Proposta investigativa 2** – Bacia hidrográfica e poluentes
- **Proposta investigativa 3** – Chuva no campo e na cidade

Etapa 3 - Respeitável público

- Organização e seleção dos conhecimentos adquiridos
- Preparação e apresentação dos produtos finais

Balanço final

- Avaliação individual e coletiva

Avaliação continuada: Vamos conversar sobre isso?

Crianças indígenas da etnia guarani mbyá brincam na água na Aldeia Tenondé Porã, localizada no distrito de Parelheiros, na cidade de São Paulo (SP).

Fabio Colombini

ETAPA 1 EXPLORANDO O ASSUNTO

Usos da água e a paisagem

Muitas vezes não percebemos que, a poucos quilômetros de nossa residência, há uma represa, uma estação de tratamento de água (ETA) ou outros equipamentos necessários ao fornecimento de água aos moradores do munícipio.

Para quem vive nas cidades, o fato de a água vir de torneiras pode parecer natural, e a pessoa acaba não se interessando em saber de onde de fato ela vem. Já para quem vive no campo, pode ser difícil associar o desmatamento das matas próximas aos rios com a diminuição do nível de rios e lagos.

- Quais usos da água você conhece?
- Você sabe se os diferentes usos da água podem modificar a paisagem? Examine a imagem a seguir.

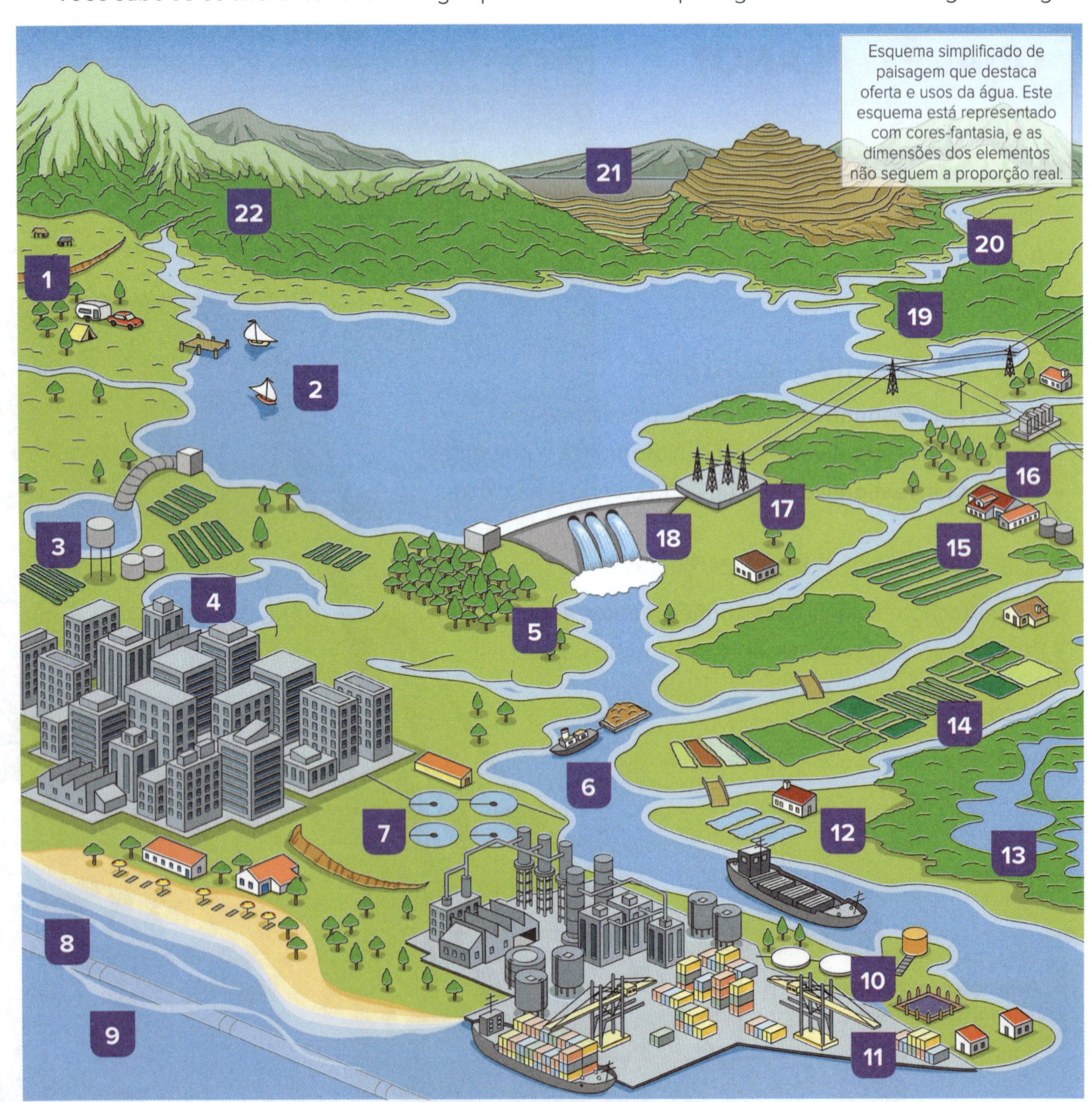

Esquema simplificado de paisagem que destaca oferta e usos da água. Este esquema está representado com cores-fantasia, e as dimensões dos elementos não seguem a proporção real.

1. **Pasto:** alimentação do gado
2. **Reservatório de usos múltiplos:** lazer, pesca, esportes náuticos etc.
3. **Estação de tratamento de água (ETA)**
4. **Lagoa**
5. **Área de reflorestamento comercial:** cultivo para extração de madeira
6. **Navegação**
7. **Estação de tratamento de esgoto (ETE)**
8. **Emissário submarino:** duto para liberar o esgoto longe da costa.
9. **Oceano**
10. **Tratamento de águas servidas de origem industrial**
11. **Reutilização de águas servidas de origem industrial**
12. **Estação de piscicultura:** criação de peixes para lazer e alimentação
13. **Várzea:** área inundável nas margens do rio
14. **Área cultivada:** cultivo de gêneros alimentícios
15. **Irrigação:** rega de área cultivada manual ou com emprego de máquinas.
16. **Central de bombeamento de água subterrânea**
17. **Usina hidrelétrica**
18. **Barragem:** armazenagem de água para usina hidrelétrica
19. **Mata ciliar:** vegetação, preferencialmente nativa, das margens de rios e nascentes
20. **Canal**
21. **Barragem de rejeitos de mineração**
22. **Reserva biológica:** área de preservação ambiental

1. Analise a figura da página anterior. Localize a água do mar, dos rios e canais, do lago, da várzea do rio (alagamento natural) e das possíveis fontes de água potável. Depois, responda às perguntas.
   a) Onde a população humana está mais concentrada?
   b) Como é o relevo? Há morros e planícies?
   c) Onde estão as nascentes dos rios?
   d) Onde há exemplos de paisagem rica em elementos naturais e de paisagem modificada?
   e) Quais estruturas representam fontes poluidoras?
   f) Quais situações representam conservação ou melhoria da qualidade da água?
   g) Qual estrutura acumula poluentes em grande quantidade?

2. Segundo a legislação brasileira, as indústrias devem tratar as águas servidas (efluentes industriais). A indústria representada no esquema trata a água de acordo com a lei? Explique.

1. O esquema mostra a vegetação nativa e as atividades rurais, as áreas urbanas e as industriais que ocupam uma bacia hidrográfica. Identifique esses ambientes na imagem e discuta os pontos a seguir.
   a) O que acontece com a água quando chove no morro ou na área de pasto? E quando chove na cidade?
   b) Os rejeitos industriais e de mineração causam um tipo de poluição diferente do gerado pelos esgotos das casas?
   Reflita sobre os efeitos dos tipos de poluição tanto em nível local como regional.

Os poluentes

Todas as atividades humanas resultam em algum tipo de resíduo líquido ou sólido que, muitas vezes, é descartado. A poluição dos ambientes naturais é reconhecida pela presença de materiais em quantidade incomum e fora do lugar esperado. Por exemplo, uma pequena aldeia de pescadores à beira-rio não causa poluição do ambiente, pois os **dejetos** são transformados, participando dos ciclos naturais do mesmo modo que os dejetos de outros seres vivos. Em pequena escala, as mudanças provocadas pelos dejetos não chegam a poluir o ambiente.

Esgoto doméstico

Em nossas moradias, toda a água que usamos e que escorre por ralos e privadas origina o esgoto doméstico.

Os dejetos humanos de uma grande cidade têm efeito poluente e causam modificação na comunidade viva dos cursos de água que os recebem. Quanto mais dejetos disponíveis, maior a população de bactérias **aeróbicas** decompositoras que consomem oxigênio dissolvido na água. Consequentemente, ocorre a diminuição do oxigênio, e a fauna e flora dos rios morrem.

A decomposição de plantas e animais mortos e o contínuo lançamento de matéria orgânica nesse ambiente com pouco oxigênio torna a presença de bactérias **anaeróbicas** mais intensa para decompor todo esse material, liberando gases malcheirosos e tóxicos.

GLOSSÁRIO

Aeróbico: que consome oxigênio.
Anaeróbico: que não consome oxigênio.
Dejeto: urina, fezes, excrementos em geral produzidos pelos seres vivos.

Óleo de cozinha, perigoso poluente

O óleo de cozinha pode causar diversos problemas caso seja descartado pelo esgoto doméstico. Dentro da tubulação, ele pode se acumular nas paredes dos dutos e agregar outros resíduos, provocando mau cheiro, obstrução e entupimento.

Sem um tratamento de esgoto adequado, esse óleo pode chegar a um curso de água ou ao mar, agindo como um poluente poderoso: ele forma uma fina camada sobre a água, impedindo que o oxigênio seja dissolvido nela. Dessa forma, causa a morte da flora e da fauna aquática.

O óleo também é poluente quando lançado diretamente no solo, pois atrapalha a infiltração da água no solo e prejudica o crescimento das plantas. Além disso, ele pode alcançar e poluir as águas subterrâneas.

Contudo, há formas de descartar o óleo de cozinha com segurança, por exemplo, armazenando-o em garrafas PET e, depois, levando-o a um ponto de reciclagem especializado. Ele também pode ser reaproveitado e usado na preparação de sabão caseiro.

Lucas Vallecillos/Alamy/Fotoarena

↑ Para levar o óleo usado a postos de coleta seletiva, ele deve ser colocado em um recipiente com tampa, o que evita acidentes.

Subbotina Anna/Shutterstock.com

↑ Sabão feito em casa, produzido com óleo de cozinha descartado.

Efluentes industriais

As indústrias utilizam a água para diversos fins, produzindo os chamados efluentes industriais. Caso não sejam tratados antes do descarte, esses efluentes poluem as águas porque transportam diversos materiais em grande quantidade ou estranhos ao meio (por exemplo, metais como mercúrio e chumbo). Outro impacto a ser evitado é a poluição térmica, causada pelos efluentes lançados em alta temperatura nos corpos de água, já que muitas indústrias usam água para resfriar máquinas ou produtos.

Probal Rashid/LightRocket/Getty Images

Uma das indústrias que mais contaminam as águas em todo o mundo é a indústria têxtil, tanto por causa do tratamento do couro quanto pelo tingimento dos tecidos.

↑ Menino busca peças de roupas no Rio Turag, contaminado por rejeitos da indústria têxtil. Gazipur, Bangladesh.

Rejeitos de atividades mineradoras

Apoiadas no argumento da necessidade de desenvolvimento agrícola, urbano e industrial, as sociedades vêm alterando em larga escala os ecossistemas. É o caso das atividades de mineração, que modificam profundamente o ambiente para obter minérios – como carvão mineral, níquel, minério de ferro e muitos outros – matérias-primas para a fabricação de diversos produtos do nosso cotidiano (de aparelhos celulares a aviões).

Conforme técnicas mais antigas e disseminadas, a extração dos minerais é feita com uso de água. Nas minas de ferro, por exemplo, os resíduos de rochas mineradas (ganga) seguem com a água para barragens de contenção de rejeitos.

Esses resíduos formam uma espécie de lama, mas bem diferente da lama formada naturalmente, que é favorável à vida. Esse material é inerte, ou seja, não interage com seres vivos, não contém vida. Ele pode conter, inclusive, proporções anormais de metais pesados, especialmente o cádmio, o mercúrio e o chumbo, que afetam gravemente a saúde dos seres vivos, podendo causar doenças crônicas do sistema nervoso e câncer.

Cadu Rolim/Fotoarena

↑ A barragem de rejeito de bauxita, da Companhia Brasileira de Alumínio (CBA), armazena 25 milhões de metros cúbicos de lama vermelha, o dobro do volume da barragem da Vale que rompeu em Brumadinho em 2019. Alumínio (SP).

A água é considerada um solvente universal porque muitos materiais e substâncias contidos nela se dissolvem ou se misturam. Vamos fazer uma **observação** para compreender melhor esse dado. Areia, óleo, sal e detergente se dissolvem ou apenas se misturam na água?

Material:

- 4 copos limpos de 200 mL;
- 1 colher (sobremesa) de areia ou terra;
- 1 colher (sobremesa) de óleo;
- 1 colher (sobremesa) de sal de cozinha;
- 1 colher (café) de detergente líquido ou em pó;
- água potável.

Procedimento

1. Organizem-se em grupos.
2. Encham quatro copos com 3/4 de água (ou 150 mL).
3. Em cada copo, misturem a areia ou a terra, o óleo, o sal e o detergente com a água. Utilizem uma colher para cada material.

Reflita e registre

NO CADERNO

1. Como é possível saber o que se dissolveu na água?
2. Quais dessas misturas são homogêneas? E quais são heterogêneas?
3. De acordo com o que você observou, por que se costuma evitar tomar banho com pés sujos de areia nas casas e condomínios de praia? E por que não se deve jogar óleo de cozinha na pia?

VAMOS APROFUNDAR

1. Em 2015, o rompimento de uma barragem de rejeitos de mineração em Mariana, Minas Gerais, causou o maior desastre ambiental do Brasil, atingindo o Rio Doce, que fornecia água para o abastecimento da população e para irrigação, além de atividades de pesca e lazer. A fauna e a flora ao longo do rio foram contaminadas ou mortas. Populações humanas foram prejudicadas de diferentes formas.

   Como o acidente impactou a vida humana e os ecossistemas do local? Para auxiliá-lo a responder, pesquise o assunto em revistas, jornais e *sites* confiáveis.

Mauricio Simonetti/Pulsar Imagens

↑ Trecho do Rio Doce no município de Santa Cruz do Escalvado (MG). A imagem mostra o rio poluído pela lama inerte, proveniente do rompimento da barragem de rejeitos de mineração em Mariana (MG).

2. No município de Santo Amaro da Purificação (BA), uma empresa extraiu chumbo durante 30 anos sem descartar adequadamente os rejeitos de mineração. Ao contrário: esses rejeitos serviram de matéria-prima para o calçamento de ruas; o Rio Subaé, que corta a cidade, também foi poluído (estima-se que recebeu por volta de 400 toneladas de metais pesados ao longo do tempo). Pesquisadores identificaram que a população foi contaminada pelos metais pesados contidos nesses rejeitos, os quais causaram doenças graves e mortes.

   Leia a reportagem "Conheça a canção de Caetano Veloso que fala da poluição em Santo Amaro", da Agência Senado (disponível em: www12.senado.leg.br/noticias/materias/2011/05/26/conheca-a-cancao-de-caetano-veloso-que-fala-da-poluicao-em-santo-amaro. Acesso em: 10 maio 2019), que contém a letra da canção *Purificar o Subaé,* e responda às questões a seguir.

   a) Quem são os "malditos" citados na canção?

   b) Com base em seus conhecimentos e no conteúdo estudado até aqui, quais são "os riscos que corre essa gente"?

   c) Quais foram as consequências ambientais da contaminação do rio?

A água em casa

A água é fundamental para o funcionamento das moradias, pois serve para a higiene pessoal ou doméstica, para cozinhar e para hidratar plantas e animais. Observe alguns desses usos.

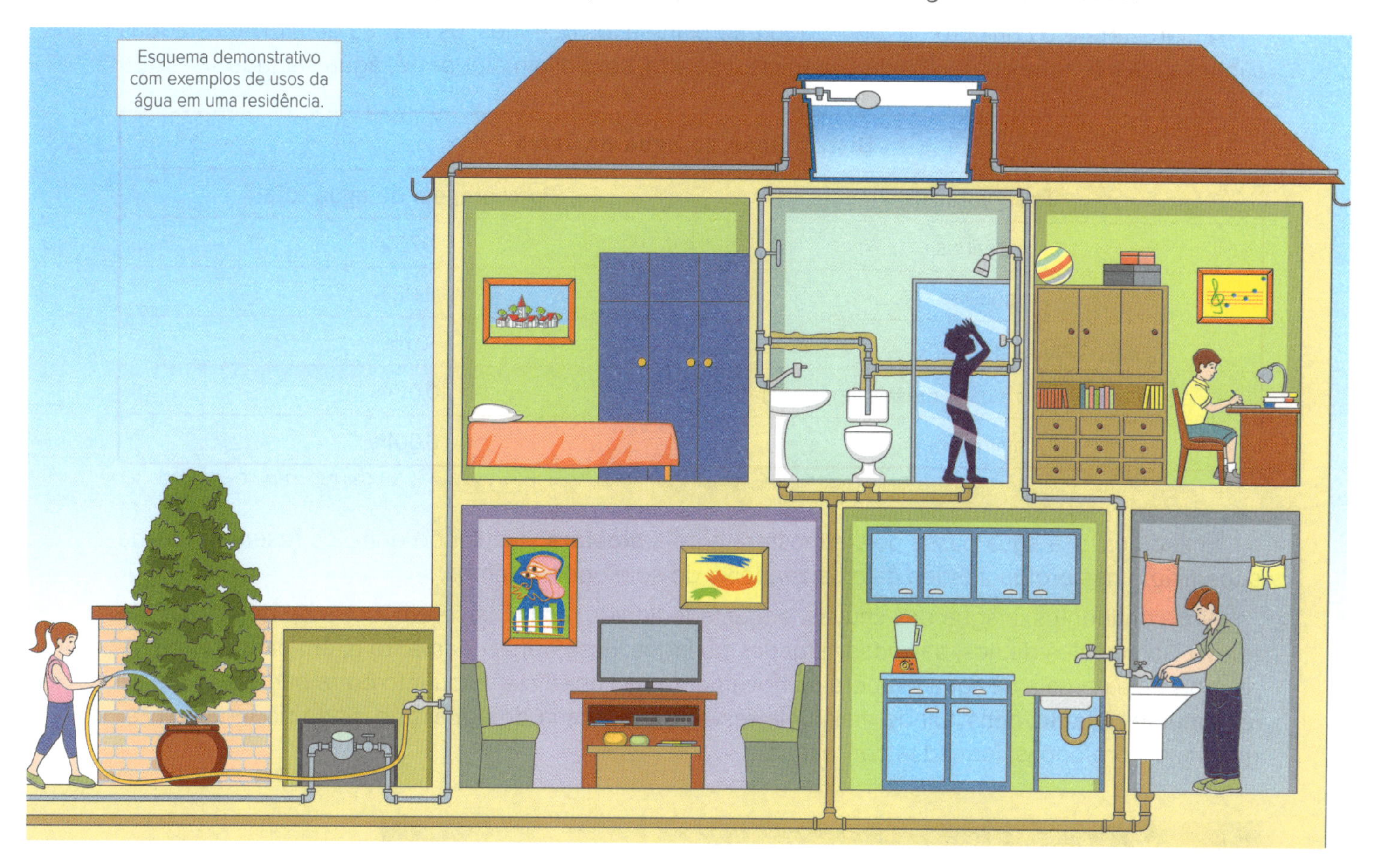
Esquema demonstrativo com exemplos de usos da água em uma residência.

1. De onde vem a água da casa retratada na ilustração?
2. O que é um hidrômetro? Para que serve?
3. Pense sobre os rejeitos que saem pelo esgoto doméstico e responda:
   a) Os produtos que usamos para lavar a louça e a roupa se dissolvem bem na água?
   b) O que a água usada na lavagem do quintal carrega com ela?
   c) De acordo com o seu conhecimento do assunto, você acha que urina e fezes poluem a natureza? Justifique sua resposta.
   d) Por que os dejetos humanos são considerados poluentes, principalmente nas cidades?
4. Para onde vai o esgoto produzido nas casas da rua onde você mora?
5. Qual é a importância de uma estação de tratamento de esgoto? Você sabe se há alguma em seu município?

A hidrosfera

- Como a água se move na atmosfera e que percurso ela faz entre as rochas até a superfície terrestre? Levante hipóteses antes de prosseguir.

A hidrosfera é o conjunto de toda a água do planeta: os oceanos, os rios, as geleiras e as águas subterrâneas. A água cobre 71% da superfície da Terra, sendo, a maior parte, água salgada.

Distribuição de água na Terra

Reservatórios	Porcentagem de água total
oceanos	97,3%
geleiras	2,08%
águas subterrâneas	0,6%
águas superficiais (rios, represas, lagos etc.)	0,019%
atmosfera	0,001%

Fonte: Paulo Augusto Romera e Silva (Org.). *Água: quem vive sem?* 2. ed. São Paulo: Nova Página, 2003. v. 1.

Em seu ciclo, a água passa pela atmosfera e pela **litosfera**, circulando entre os reservatórios na superfície e nas profundidades da crosta, abaixo do solo onde pisamos.

Nos continentes, a água das chuvas, em estado líquido, acumula-se em locais de depressão do relevo, como vales de rios, baixadas alagadas ou lagos. Esse armazenamento é, em parte, temporário, pois uma parcela da água evapora-se novamente da superfície, enquanto outra parcela infiltra-se lentamente no **solo**, constituindo mais uma reserva temporária de água, que ainda pode atingir regiões mais profundas, formadas por rochas.

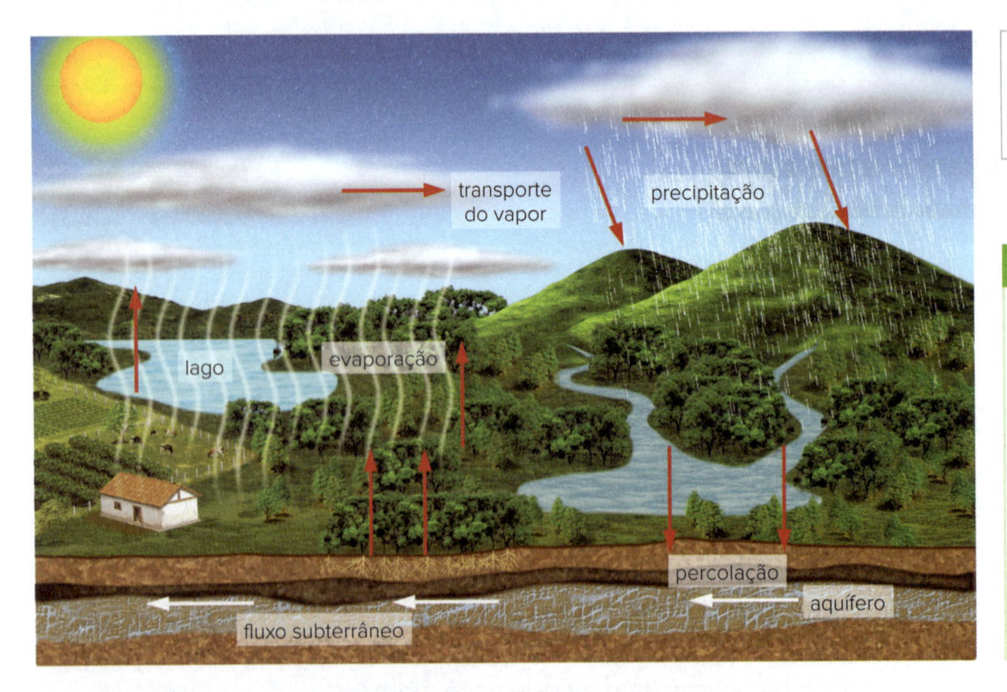

Esquema simplificado de ciclo de água. A proporção entre as dimensões das estruturas representadas não é a real.

GLOSSÁRIO

Litosfera: camada externa e sólida do grande conjunto rochoso que compõe a Terra, onde a crosta é a porção superficial de rochas resfriadas.

Solo: porção superficial da crosta terrestre composta por rochas fragmentadas, minerais, material orgânico, água e gases.

Certas formações rochosas retêm água e são chamadas **aquíferos**. As águas subterrâneas alimentam rios, represas, nascentes e outros mananciais. Nas nascentes, a água brota entre rochas ou diretamente do solo.

VAMOS AGIR

A proporção entre as dimensões das estruturas representadas nesta página não é a real.

Investiguem as características dos aquíferos por meio de uma montagem simples.

Material:

- recipiente transparente de boca larga ou pequeno aquário;
- pedregulhos ou pedriscos;
- solo comum (avermelhado ou amarelado) e solo vegetal (terra escura, rica em matéria orgânica) em quantidades semelhantes para fazer camadas, conforme o desenho da montagem;
- regador com água;
- pequenas plantas (com seus torrões) ou grãos de feijão.

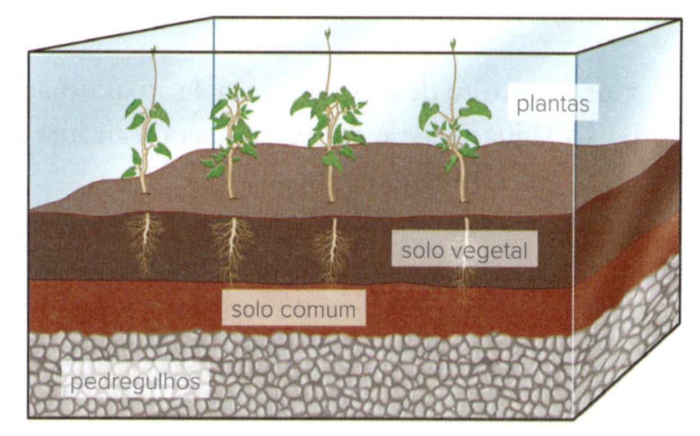

↑ Esquema de modelo que reproduz camadas do solo.

Procedimento

1. Em grupo, coloquem no recipiente transparente os pedregulhos; depois, o solo comum e, por cima, o solo vegetal.
2. Acomodem plantas pequenas (com seus torrões) no solo vegetal ou semeiem alguns grãos de feijão, alguns deles bem próximos à parede do recipiente. Caso vocês optem pelo plantio do feijão, aguardem 15 dias para que os grãos brotem e criem algum enraizamento.
3. Peguem o regador com água e "façam chover" devagar sobre a montagem.

Agora, observem com mais detalhe como um aquífero é abastecido em ambiente natural. Comparem a montagem de vocês com o esquema ao lado, fazendo a correspondência entre as estruturas de um e de outro modelo.

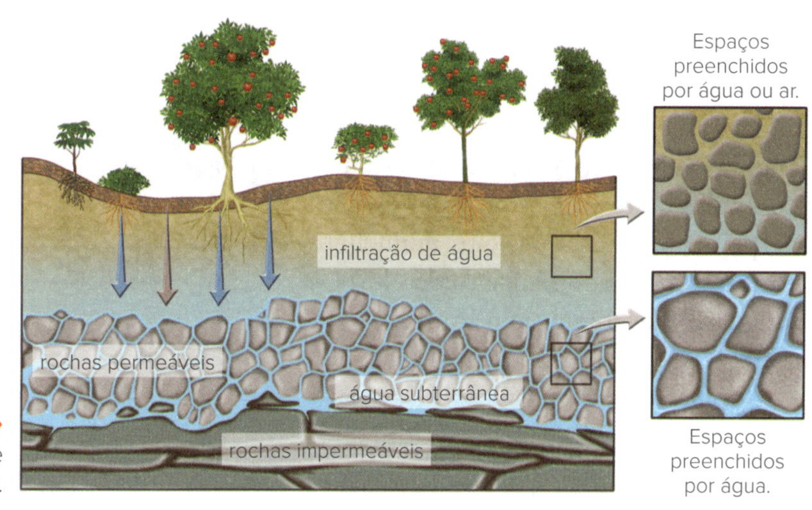

→ Esquema simplificado de características e formação de águas subterrâneas.

Reflita e registre

1. Por que podemos dizer que as águas superficiais abastecem os aquíferos?
2. Pense nas raízes dos vegetais e na capacidade delas de abrir caminho pelo solo. Agora, responda: Qual é a participação dos vegetais na manutenção dos aquíferos?
3. Se o solo está poluído, o que acontece com os poluentes depois da chuva?

Aquíferos ameaçados

As notícias a seguir denunciam a poluição de um reservatório de água nos estados do Ceará e Rio Grande do Norte.

Com o intuito de debater acerca da atual situação, os usos e a qualidade da água do Aquífero Jandaíra, no Baixo Jaguaribe [rio da região], será realizada audiência pública nesta quarta-feira (20/04/2016), às 14h [...] em Limoeiro do Norte. [...]

Entidades e movimentos sociais têm denunciado a diminuição da capacidade e [o] desperdício dos recursos hídricos do aquífero, localizado tanto no Ceará como no estado do Rio Grande do Norte.

O objetivo da reunião é discutir os mecanismos de gestão sustentável, assim como as ocorrências de contaminação ambiental pelo uso de agrotóxicos na região.

Audiência pública discute qualidade da água do Aquífero Jandaíra. *Assembleia Legislativa do Estado do Ceará*, 19 abr. 2016. Disponível em: https://al.ce.gov.br/index.php/ultimas-noticias/item/51915-19-04-2016-da-redacao. Acesso em: 11 mar. 2019.

Um dos principais argumentos contra a pulverização aérea é a chamada **deriva**, quando a aplicação de defensivo agrícola não atinge o local desejado e se espalha para outras áreas. [...]

[...] um estudo [...] identificou princípios ativos de agrotóxicos no solo da região da Chapada do Apodi – uma das áreas mais ocupadas pelo agronegócio no Ceará. [...]

[...] Também foram encontrados princípios ativos de agrotóxicos no Aquífero Jandaíra, localizado entre o Ceará e o Rio Grande do Norte. As águas subterrâneas são usadas tanto pelo setor produtivo como pelas populações dos oito municípios cearenses, incluindo Limoeiro do Norte, e potiguares que abrangem o aquífero.

Edwirges Nogueira. Pulverização aérea de agrotóxico provoca danos persistentes, dizem especialistas. *Agência Brasil*, 16 jul. 2016. Disponível em: http://agenciabrasil.ebc.com.br/geral/noticia/2016-07/pulverizacao-aerea-de-agrotoxico-provoca-danos-persistentes-dizem. Acesso em: 11 mar. 2019.

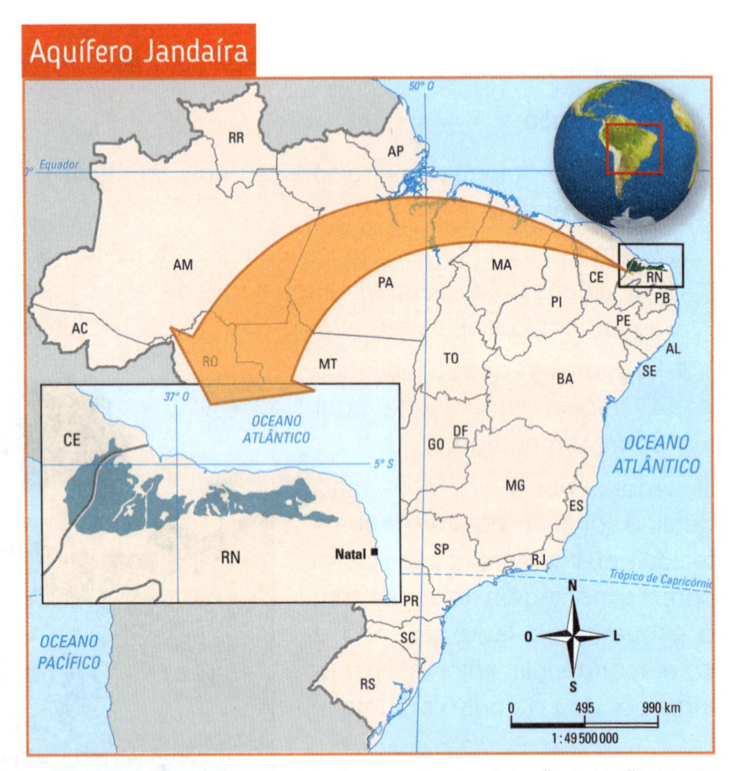

Fonte: Paula Stein *et al*. Hidrogeologia e aspectos da salinização da porção superior do aquífero carbonático Jandaíra no Rio Grande do Norte. In: I Congresso Internacional de Meio Ambiente Subterrâneo. Disponível em: https://aguassubterraneas.abas.org/asubterraneas/article/viewFile/22075/1443. Acesso em: 10 maio 2019.

1. Montem um esquema, utilizando palavras e setas, para mostrar como os resíduos de agrotóxicos atingem a água de mananciais.

2. Qual a opinião de vocês sobre estudos e debates públicos referentes às condições dos aquíferos?

Os rios à nossa volta

Quando o assunto é preservação, é muito importante conhecer o ambiente em que vivemos e como é possível agir para melhorá-lo. A seguir, conheçam exemplos de intervenções públicas realizadas por estudantes em favor da qualidade das águas do rio de suas cidades.

São Paulo (SP): o Córrego Anhanguera é um dos mais de 200 cursos de água conhecidos na cidade, muitos deles canalizados e enterrados sob concreto e asfalto. O coletivo Aqui Passa Um Rio seguiu o trajeto do córrego, desde sua nascente até onde ele finalmente aparece aos olhos. No caminho, marcou com tinta os lugares pelos quais o córrego escondido passa. A ação cênica intitulada *O transbordamento: cortejo-invenção rio abaixo* buscou atrair o interesse do público para os rios enterrados sob o asfalto da cidade.

O movimento #VoltaPinheiros instalou um grande *emoji* em protesto ao descaso com o Rio Pinheiros. Para cobrar um posicionamento das autoridades responsáveis, o movimento enviou *kits* a diversos órgãos governamentais, incluindo a prefeitura da cidade e o governo do estado, com questões a serem respondidas sobre a despoluição do rio e uma almofada do mesmo *emoji* como "presente".

Itacajá (TO): Uma escola pública mantém o projeto Limpar para Preservar, que faz mutirões para retirar resíduos e conservar um rio do município. Este rio teve reduzida pela metade a quantidade de lixo, após 15 edições do projeto. Em 2017 a escola recebeu um prêmio da Agência Nacional de Águas (ANA).

Ponte Serrada (SC): alunos de escolas públicas, a prefeitura e os institutos ambientais uniram esforços para plantar mais de 800 mudas de árvores nas margens do rio que corta a cidade a fim de que, em alguns anos, a mata ciliar volte a proteger o leito. O plantio de árvores na mata ciliar é uma importante ação para proteção e recuperação dos rios, comprometidos pela intensa ação do ser humano.

Coletivo Aqui passa um rio.

↑ Intervenção para chamar a atenção para os rios invisíveis. Córrego Anhanguera, São Paulo (SP).

Rafael Arbex/Estadão Conteúdo/AE

↑ Protesto no Rio Pinheiros. São Paulo (SP).

Diana Monteiro/Arquivo do Colégio Estadual de Itacajá - TO

↑ Alunos participam de mutirão de limpeza do Rio Manoel Alves Pequeno. Itacajá (TO).

1. Quais das intervenções obtêm mais atenção do público ou das autoridades? Justifique.
2. Com base no conhecimento adquirido até aqui, responda: Por que precisamos defender nossos rios?

ETAPA 2 FAZENDO ACONTECER

Reflita a respeito da questão norteadora da seção **Direto ao ponto** e verifique o que aprendeu até agora. Vamos registrar uma resposta coletiva. Na sequência, vamos analisar as orientações gerais.

De onde vem e para onde vai a poluição das águas?

Orientações gerais

Em grupo

Nesse momento, você e os colegas devem se organizar em grupos. Cada grupo escolherá uma das propostas investigativas das páginas a seguir.

É importante, antes de começar o trabalho:

- ler as propostas investigativas;
- observar os materiais indicados para as montagens e os experimentos;
- organizar a obtenção dos materiais;
- elaborar o calendário de atividades com a ajuda dos professores.

Procedimento da pesquisa

Individualmente

1. Procure informações na internet, em livros ou outros impressos sobre o tema da proposta investigativa. Traga os materiais pesquisados.
2. Organize e prepare as informações mais relevantes para levar ao grupo.

Em grupo

3. Comparem as informações obtidas.
4. Decidam como aproveitar os textos apresentados pelos colegas, selecionando as informações que todos (ou a maioria) julgarem mais adequadas.
5. Façam os experimentos.
6. Separem imagens e mensagens que desejam divulgar sobre o tema.
7. Organizem as conclusões.

Ao fim da execução de cada proposta, os grupos devem decidir o que apresentarão à comunidade escolar: maquetes, experimentos, fotografias, notícias, entre outros materiais construídos ou pesquisados.

Preparem-se para explicar seus procedimentos e conclusões.

Marcos Amend/Pulsar Imagens

No passado, o Córrego da Maternidade era um lugar abandonado, repleto de resíduos e esgoto sem tratamento. Porém, foi totalmente reurbanizado e saneado. As margens do córrego foram transformadas em um parque linear de 6 quilômetros de extensão. Rio Branco (AC).

PROPOSTA INVESTIGATIVA 1

RIOS E SEUS SEDIMENTOS

Metas

- Relacionar o fluxo de água do rio ao transporte e à distribuição de sedimentos e outros materiais.
- Fazer o levantamento de problemas ambientais de um rio em sua localidade.

Primeira fase

Em grupo

A natureza, mesmo sem ação humana, modifica-se o tempo todo. Em relação aos rios e suas margens, isso não é diferente.

Você já sabe como a água do rio interage com os sedimentos do leito, das margens e da várzea?

O leito dos rios pode ser composto de rochas ou fragmentos de rochas, como grãos de areia ou de argila. Inicialmente, vamos fazer a maquete de um rio para investigar como ele interage com um terreno arenoso.

Material:

- 1 caixa de madeira com formato de gaveta. Peçam a um marceneiro que serre um entalhe em forma de **V** em um dos lados estreitos (vejam nas ilustrações a seguir);
- 1 folha de plástico para cobrir o fundo da gaveta e todos os lados das bordas;
- fita adesiva;
- areia para preencher a gaveta até a metade;
- 1 régua ou pedaço de madeira de comprimento semelhante à largura da gaveta;
- 1 mangueira conectada a uma torneira;
- 1 balde;
- caixas, banco, tijolos ou outros objetos para sustentar a maquete.

Procedimento

1. Coloquem a gaveta sobre o banco ou outro suporte escolhido, de modo que fique confortável para trabalharem.
2. Estendam o plástico sobre toda a caixa. Prendam as laterais com fita adesiva.
3. Coloquem a areia na gaveta e passem a régua pela superfície, garantindo que ela fique bem lisa. Tomem cuidado para não furar o plástico.
4. Acomodem a gaveta nos suportes de forma que um dos lados do modelo fique mais alto que o outro. Usem um tijolo ou outros objetos para apoiá-lo.
5. Ajustem a mangueira no lado mais alto da caixa. O entalhe em **V** deve ficar no lado oposto, pois a função dele é dar vazão à água. Deixem a passagem livre e ponham um balde para coletar a água que escorrer.

6. Abram a torneira lentamente, testando, primeiro, o fluxo de água fora da caixa. A água deve escorrer pela caixa em pequena quantidade, lentamente. Quando começar a escorrer, observem, por cerca de 1 minuto, o que acontece com a areia.
7. Desenhem, fotografem ou gravem um vídeo das formas que aparecerem na areia após o movimento da água: ilhas, meandros, canais, canal principal etc.
8. Relacionem as formações que surgirem no modelo com elementos da paisagem real, como serra, vale, várzea e foz de um rio.
9. Observem a água que foi coletada no balde.
10. Caso queiram ou necessitem repetir as observações, refaçam o procedimento a partir do passo 2.

Reflita e registre

1. Que formas de relevo apareceram depois de a água escorrer por um minuto? Destaque as diferenças das formações na areia localizadas **a montante** e **a jusante**.
2. O que aconteceu com os sedimentos que foram arrastados pela água?
3. Imagine que, nessa paisagem representada pelo modelo, houve despejo de poluentes no topo da serra (por exemplo, rejeitos de mineração). Que caminhos esses materiais seguiriam até o destino final no modelo?

Segunda fase

Individualmente

1. Pesquise o que é erosão, assoreamento de rio e mata ciliar. Formule, por escrito, a relação entre a presença ou ausência de mata ciliar e a ocorrência ou não de assoreamento nos rios de sua cidade.
2. Pesquise o tipo de poluição identificado nos principais rios de sua cidade.
3. Descubra o que é Comitê de Bacia Hidrográfica (CBH) e se há algum em sua cidade.
4. Investigue se, em conjunto ou não com esse comitê, a prefeitura ou o governo estadual tem algum plano para melhorar a situação dos rios que se encontram poluídos.

GLOSSÁRIO

A jusante: diz-se em referência à direção da foz de um rio da posição de determinado ponto ou de um observador.

A montante: diz-se em referência à direção da nascente de um rio da posição de determinado ponto ou de um observador.

Em grupo

5. Estabeleçam relações entre erosão e assoreamento do rio, recordando o que viram na maquete.
6. Façam um levantamento dos principais problemas dos rios da cidade.
7. Proponham soluções no sentido de minimizar os problemas observados.

Gerson Gerloff/Pulsar Imagens

Buraco causado por erosão em São Roque de Minas (MG).

APOIO

Conservador de Águas: www.extrema.mg.gov.br/conservadordasaguas. No sul de Minas Gerais, na cidade de Extrema, um projeto tem incentivado a preservação da mata e a proteção de nascentes. Acesse no *site* reportagens e vídeos a respeito do programa.

Programa Produtor de Água: www3.ana.gov.br/portal/ANA/programas-e-projetos/programa-produtor-de-agua. Projeto da Agência Nacional de Águas (ANA) que incentiva o produtor rural a cuidar das nascentes em seu terreno, mostrando que é possível aliar ganho econômico com melhora da quantidade e da qualidade da água na região.

PROPOSTA INVESTIGATIVA 2

BACIA HIDROGRÁFICA E POLUENTES

Metas

- Analisar imagens de bacia hidrográfica, com ou sem ocupação humana.
- Criar modelo tridimensional de bacia hidrográfica local, indicando os usos da água.
- Investigar a situação ambiental da bacia hidrográfica da sua localidade.

Primeira fase

Individualmente

As ilustrações mostram alguns usos da água de uma bacia hidrográfica. É possível observar que o principal rio fica mais abaixo do relevo da bacia. Que força natural move a água na bacia hidrográfica?

Pesquise, procurando responder às questões a seguir e, depois, discuta-as em grupo.

1. Quais são os rios e a bacia hidrográfica da região em que você mora?
2. Essa bacia hidrográfica se parece mais com a de qual esquema?
3. Com quais poluentes essa bacia entra em contato? Eles vêm de esgotos domésticos, industriais ou de atividades agrícolas?
4. Onde os poluentes são lançados? Qual é o destino final deles?

Os esquemas estão representados com cores-fantasia e as dimensões dos elementos não seguem a proporção real.

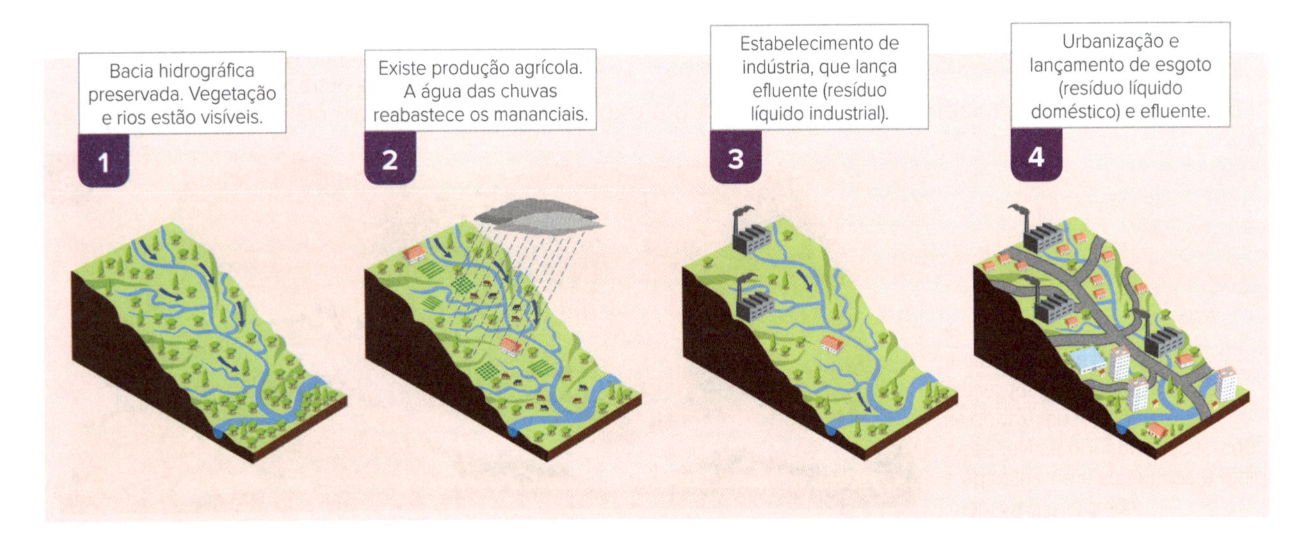

Segunda fase

Em grupo

Forme um grupo com os colegas para a construção de uma maquete de bacia hidrográfica, preferencialmente reproduzindo uma paisagem de sua região.

Material:

- mapa topográfico (mapa do relevo) da bacia hidrográfica selecionada;
- EVA, isopor ou papelão grossos (para a base);
- argila ou placas de isopor finas (para as camadas de nível);
- papel-jornal;
- tinta guache;
- lixa de parede;
- tesoura;
- cola;
- areia, terra, plantas artificiais ou naturais, gravetos, palha, palitos (de churrasco, de sorvete ou de dente), papéis coloridos, papel-alumínio, massa de modelar, caixas de tamanhos variados etc. para representar os elementos urbanos e a paisagem do entorno.

Procedimento

1. Reproduza, em três dimensões, as formas de relevo representadas no mapa topográfico destacando as nascentes e o leito do rio principal com os respectivos afluentes até a foz (que pode ser no mar ou em outro rio).
2. Com base no mapa topográfico, cada altitude marcada será uma camada de argila ou isopor. A sobreposição de uma camada a outra dará a altura necessária para a maquete.
3. Represente também na maquete elementos da paisagem (mata ciliar, por exemplo) e diferentes usos do solo. Dê destaque às fontes poluidoras: no perfil topográfico, coloque objetos semelhantes a casas ou indústrias em posição adequada para indicar lançamento de esgoto doméstico ou efluentes industriais. No caso de haver zona rural, represente atividades praticadas no campo e possíveis fontes de poluição por agrotóxicos.
4. Identifique as principais formas do relevo e elementos da bacia hidrográfica. Para isso, respondam às questões:
   - Quando chove, que caminhos a água da chuva faz?
   - Onde estão as nascentes dos córregos e rios?
5. Para finalizar, organizem o produto final para a exposição.

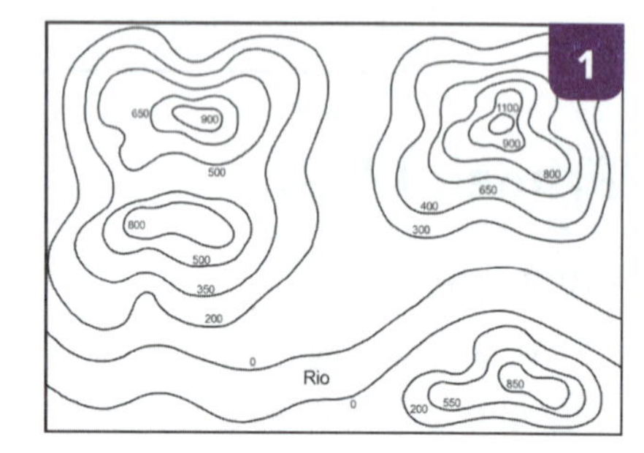

↑ Exemplo de mapa topográfico.

↑ Após imprimir a prancha, corte a placa fina de isopor e cole uma em cima da outra, conforme mostra o mapa topográfico.

→ Com papel machê (mistura de cola, papel e água), faça o acabamento, suavizando as depressões. Quando estiver seco, pinte e aplique os elementos para compor a paisagem.

Imagens: Paulo Manzi

PROPOSTA INVESTIGATIVA 3

CHUVA NO CAMPO E NA CIDADE

Metas

- Comparar o escoamento superficial das águas em ambiente urbano e rural.
- Discutir causas de inundações, erosão e assoreamento, no campo ou na cidade.

Primeira fase

Em grupo

Façam as montagens propostas e observem o que acontece quando "chove" sobre diferentes materiais.

Material:

- 5 garrafas PET ou de outro tipo de plástico;
- 5 fundos de garrafa PET ou 5 copos plásticos transparentes;
- mudas ou sementes de plantas forrageiras (gramíneas, alpiste);
- terra vegetal adubada para plantio;
- terra vermelha;
- areia;
- folhas secas;
- plástico preto;
- regador pequeno.

Procedimento

1. Peçam a um adulto que corte as garrafas no sentido longitudinal.
2. Simulem, em cada garrafa, um revestimento de solo:
   - garrafa 1 – solo com cobertura vegetal (terra e planta);
   - garrafa 2 – solo coberto com serrapilheira (folhas secas);
   - garrafa 3 – solo exposto com terra (terra vermelha);
   - garrafa 4 – solo exposto arenoso (areia);
   - garrafa 5 – solo impermeabilizado (areia ou terra coberta com plástico preto).
3. Acomodem coletores de água na boca das garrafas, amarrados com barbante.

Solicite a um adulto que corte as garrafas para você.

Para imitar o solo com planta, espalhe alpiste na garrafa e aguarde a germinação. Em poucos dias, ele já estará pronto para o experimento.

Exemplo de montagem final, com cinco modelos construídos.

4. Usando o regador pequeno, faça "chover" a mesma quantidade de água nas montagens.
5. Observe a velocidade do escoamento; a quantidade de água que sai ou fica retida; a cor da água que escorre das montagens.
6. Use novamente as montagens para simular uma vertente mais inclinada, pondo sob elas um apoio com aproximadamente 5 cm de altura.

Reflita e registre

1. Como os diferentes tipos de cobertura do solo influenciam a infiltração?
2. Como a diferença da inclinação das garrafas influencia a dinâmica da água?
3. O que você viu ajuda a explicar as enchentes que ocorrem quando há chuvas intensas? Justifique sua resposta.
4. Confira suas hipóteses com as informações do texto a seguir.

Mauricio Simonetti/Pulsar Imagens

Drenagem urbana e enchentes

No ambiente urbano, o ciclo da água é profundamente alterado devido à remoção da vegetação original, à cobertura dos solos com concreto, asfalto e outros materiais impermeáveis e à poluição do ambiente com resíduos sólidos. Como consequência, a água da chuva não é retida pela vegetação e não se infiltra na terra. A água se move rapidamente, escorrendo, em parte, pelas ladeiras em busca de lugares mais baixos e, em parte, para bueiros e encanamentos de águas pluviais, que levam a água até os cursos de água.

As regiões mais baixas alagam, pois não têm capacidade para absorver tanta água. Outra consequência são as enchentes de córregos e rios, pois eles recebem uma grande quantidade de água em pouco tempo, mais rápido do que aconteceria se suas margens mantivessem a cobertura vegetal. Como as margens dos rios urbanos costumam estar ocupadas por moradias, ruas ou outros tipos de construção, o impacto negativo dessas enchentes se agrava. Os resíduos sólidos são levados pela enxurrada, entupindo bueiros ou poluindo ainda mais os cursos de água.

←Rua alagada em São Bernardo do Campo (SP) após chuva intensa e entupimento em tubulação de drenagem.

Segunda fase

Individualmente

1. Pesquise casos de enchentes de rios ou desabamentos de morros em sua região.
2. Pesquise sobre a ocupação de morros e várzeas em sua cidade com base nas seguintes questões.

- Há matas preservadas? Há arruamentos e construções? O solo tem sinais de erosão?
- Os bairros têm sistema de coleta de esgoto? Há rede de coleta de lixo? As águas das chuvas são levadas para instalações de contenção de enchentes, como piscinões?

Em grupo

3. Selecionem alguns desses temas para se aprofundarem e prepararem uma exposição.

ETAPA 3 RESPEITÁVEL PÚBLICO

É chegada a hora de finalizar as propostas investigativas feitas pelos grupos e comunicá-las para um público mais amplo. Todas elas se relacionam ao tema geral do projeto e à questão do quadro **Direto ao ponto** (página 27).

Os produtos finais são momentos de troca e de compartilhamento, entre os alunos, do que foi aprendido durante o processo. É justamente a participação de cada aluno nas apresentações de todos os grupos que possibilita a compreensão do tema deste projeto de forma mais ampla.

A exposição de trabalhos é enriquecida com a discussão dos problemas ambientais relacionados à água, especialmente se na região ou na comunidade houver algum problema real, como a contaminação da água por esgoto ou agrotóxico, ausência de matas ciliares, enchentes, erosão, assoreamento dos rios ou mesmo falta de água para abastecimento.

Produto final

Exposição dos trabalhos realizados pelos grupos para a comunidade escolar.

Nesta etapa, verifique se você:

- está ouvindo atentamente seu colega;
- não está impondo sua vontade;
- está sendo paciente com quem tem maiores dificuldades de se expressar.

Coletivamente, será possível discutir as soluções do problema e encaminhar orientações para os diferentes atores sociais que podem ser envolvidos. Durante a apresentação, indiquem possíveis soluções para os problemas locais.

Avaliação coletiva

Em uma aula com os professores de Geografia e de Ciências, toda a turma conversará sobre o desenvolvimento do projeto escolhido. Seguem algumas perguntas para nortear a conversa:

- No início do projeto, o que vocês pensavam sobre a questão norteadora?
- O que foi aprendido com o projeto, tendo em vista o que vocês se propuseram a investigar?
- Os produtos finais abordaram o problema e conduziram a propostas de soluções? É possível elaborar mais propostas?
- Que outras investigações poderiam ser realizadas em ocasiões futuras?
- Como a primeira resposta ao problema modificou-se ou foi ampliada?

Avaliação individual

Conclua a avaliação feita ao longo do projeto.

Amit Dave/Reuters/Fotoarena

↑ Pessoas aglomeradas para obter água de um enorme poço em uma aldeia no estado de Gujarat, Índia.

A exploração das reservas hídricas até a exaustão, a poluição e contaminação dos cursos de água e o desmatamento de regiões de nascentes e próximas aos leitos dos rios têm prejudicado mais de meio bilhão de pessoas ao redor do mundo, sem acesso à água potável. Práticas não sustentáveis ameaçam a oferta de água potável hoje e para gerações futuras. Portanto, é preciso conhecer esse tema e posicionar-se a respeito, de modo a mudar atitudes e cobrar soluções de nossos governantes.

PROJETO 3

Leite: alimento e produto industrializado

O leite é o primeiro alimento dos filhotes de mamíferos após o nascimento. Ele é produzido pelas glândulas mamárias de todas as fêmeas desse grupo – inclusive as mulheres. É uma mistura de substâncias nutritivas que promovem o desenvolvimento do organismo.

Entre os seres humanos, é hábito de diferentes culturas alimentar-se de leite de outros animais, mesmo depois de adultos. No Brasil, o costume de beber leite de vaca é muito difundido, embora não seja comum entre vários povos indígenas.

Por conta desse hábito, o leite de vaca e os laticínios movimentam grande parte do setor pecuário da economia; a produção do leite acontece em áreas rurais cada vez mais organizadas e especializadas para esse fim.

DE OLHO NO TEMA

O leite é um alimento nutritivo presente na mesa de muitas pessoas, tanto na forma de bebida como ingrediente para fabricação de outros alimentos.

Geber86/iStockphoto.com

- O leite é ingrediente de quais produtos?
- Como a criação do gado leiteiro pode transformar as paisagens naturais para dar origem às fazendas?

DIRETO AO PONTO

O que há por trás do leite como alimento e como produto?

JUSTIFICATIVAS

- Os componentes nutricionais que formam a mistura "leite" o tornam um alimento muito nutritivo, sendo o leite materno alimento ideal para os recém-nascidos.
- O leite de vaca e seus derivados estão entre os produtos mais consumidos no mundo. Analisar por meio da pesquisa e do debate os vários fatores que envolvem a produção dele possibilita enriquecer nossos conhecimentos.

OBJETIVOS

- Investigar e conhecer os componentes do leite e, desse modo, utilizar esse alimento como tema para aprofundar os conhecimentos a respeito de misturas homogêneas e heterogêneas.
- Refletir a respeito das transformações das paisagens onde se cria o gado leiteiro.

QUAL É O PLANO?

Etapa 1 - Explorando o assunto

- Importância do aleitamento
- Investigação experimental dos componentes do leite
- A pecuária de gado leiteiro
- O leite e a embalagem longa vida

Etapa 2 - Fazendo acontecer

- **Proposta investigativa 1** – Leite, uma rica mistura
- **Proposta investigativa 2** – Leite, nosso primeiro alimento
- **Proposta investigativa 3** – Produtos lácteos

Etapa 3 - Respeitável público

- Organização e seleção dos conhecimentos adquiridos
- Preparação e apresentação dos produtos finais

Balanço final

- Avaliação individual e coletiva

Avaliação continuada: Vamos conversar sobre isso?

Os seres humanos são os únicos mamíferos que, além de serem amamentados quando bebês, buscam consumir leite durante todas as fases da vida.

Commercial Eye/Stockbyte/Getty Images

Importância do aleitamento

Nosso comecinho de vida, quando somos apenas bebês, é um momento de grande vulnerabilidade. Estamos frágeis, fora do corpo materno que levou nossas primeiras células à condição de um organismo pronto para nascer. Nosso corpo pequeno e dependente ainda amadurecerá e se tornará resistente às condições do meio. Enquanto cresce e se desenvolve, muitos cuidados especiais são importantes. O primeiro deles é o mais natural, um cuidado que nós, humanos, compartilhamos com outros mamíferos: o aleitamento.

Composição do leite humano: o alimento ideal

O leite humano é considerado o alimento ideal para o recém-nascido (RN). Sabe-se que o leite produzido por mães saudáveis é suficiente para suprir todas as necessidades nutricionais do RN durante os primeiros seis meses de vida, permitindo que ele permaneça em aleitamento materno exclusivo durante esse importante período de sua vida.

O leite humano possui uma composição nutricional balanceada, que inclui todos os nutrientes essenciais, além de aproximadamente 45 tipos diferentes de fatores bioativos; muitos desses fatores parecem contribuir para o crescimento e desenvolvimento do RN, bem como para a maturação de seu trato gastrintestinal. [...]

Os inúmeros benefícios do aleitamento materno para o organismo infantil incluem aspectos higiênicos [...] bem como aqueles relativos à prevenção de doenças futuras; devem ser consideradas ainda as vantagens econômicas provenientes do menor custo [...], bem como os benefícios do aleitamento sobre o organismo materno.

Valdenise M. L. T. Calil e Mário C. Falcão. Composição do leite humano: o alimento ideal. *Revista de Medicina*, v. 82, n. 1-4, p. 1-10, jan./dez. 2003. Disponível em: www.revistas.usp.br/revistadc/article/view/62475. Acesso em: 15 maio 2019.

shurkin_son/Shutterstock.com

↑ Mãe amamenta bebê.

Os fatores bioativos atuam no funcionamento do corpo, bem como mantêm e melhoram a saúde física ou mental, favorecendo o equilíbrio químico do organismo. Correspondem a substâncias presentes em alimentos naturais (não industrializados) e foram descobertos recentemente, ampliando o papel desses alimentos para além de fornecer nutrientes conhecidos, como proteínas, açúcares, gorduras e vitaminas.

VAMOS APROFUNDAR

1. Destaque do texto informações sobre a importância do aleitamento materno para a saúde da criança. Além disso, o que mais lhe chama atenção no texto?

2. Agora, vamos comparar o leite humano e de outros mamíferos. Observe a tabela a seguir.

Composição nutricional (parcial) do leite de alguns mamíferos (em 100 g)

Composição	Leite humano	Leite de vaca	Leite de cabra
Água	87 g	88 g	88 g
Valor energético	70 kcal	62 kcal	66 kcal
Proteínas	1,0 g	3,3 g	3,4 g
Açúcar	6,9 g	4,7 g	4,4 g
Gordura	4,4 g	3,3 g	3,9 g

Fontes: Maressa C. Morzelle. Composição química do leite. Aula ministrada na Escola Superior de Agricultura da USP. *e-Disciplinas*, ago. 2016. Disponível em: https://edisciplinas.usp.br/pluginfile.php/1810879/mod_resource/content/1/Aula%202.pdf; Valdenise M. L. T. Calil e Mário C. Falcão. Composição do leite humano: o alimento ideal. *Revista de Medicina*, São Paulo, v. 82, n. 1-4, p. 1-10, jan./dez. 2003. Disponível em: www.revistas.usp.br/revistadc/article/view/62475; Giovani Noro. Síntese e secreção do leite. Seminário apresentado na disciplina Bioquímica do Tecido Animal no Programa de Pós-Graduação em Ciências Veterinárias da UFRGS. *UFRGS*, 1. sem. 2001. Disponível em: www.ufrgs.br/lacvet/restrito/pdf/sintese_leite.pdf. (acessos em: 15 maio 2019).

a) De acordo com a tabela, os nutrientes oferecidos pelo leite humano, de vaca e de cabra são semelhantes, mas há algumas diferenças. Explique.

b) As crianças pequenas podem ser alimentadas com leite de outros mamíferos mediante certos cuidados de higiene. Encontre argumentos a favor dessa prática ou contra ela. Utilize informações do texto, seu conhecimento sobre amamentação e os dados da tabela.

VAMOS AGIR

1. O leite é comercializado em diferentes formas de apresentação, seja nas embalagens, seja nos tipos, seja nas fórmulas produzidas pelas indústrias. Vamos fazer um inventário das apresentações comerciais do leite.

   a) Veja em sua casa quais tipos de leite são utilizados. Escreva uma lista dos tipos encontrados, colecione rótulos ou faça registros com fotografias. Enriqueça sua pesquisa com uma visita a um comércio perto de sua casa ou da escola (mercadinho, supermercado etc.). INDIVIDUAL

   b) Pergunte a um idoso de seu convívio onde se comprava o leite quando ele era criança e como era a embalagem. Anote o relato.

   c) Elaborem um cartaz ou apresentação em computador que mostre a pesquisa feita. Conversando com a turma, levantem as principais curiosidades e dúvidas sobre o leite como produto industrializado. EM GRUPO

Fotos: Fernando Favoretto

↑ Embalagens de leite fabricadas de diferentes materiais.

Investigação experimental dos componentes do leite

Para iniciar o estudo do leite como uma mistura, propomos uma investigação experimental.

Primeira rodada investigativa

Material:

- leite integral (em embalagem do tipo longa vida);
- pedaço de tecido fino de algodão (suficiente para cobrir um copo);
- pedaço de papel-manteiga;
- suco de um limão ou 2 colheres de sopa de vinagre;
- 3 copos transparentes;
- 1 colher de plástico.

Procedimento

A preparação a seguir (passo 1) deve ser feita dois ou três dias antes da observação (passos 2 e 3).

1. Em sua residência, deixe um copo com leite integral em repouso fora da geladeira, coberto com um pano fino ou papel-toalha, para que azede. Certifique-se de que a boca do copo esteja coberta, para evitar o contato com insetos.
   - O tempo necessário para que o leite azede depende da temperatura do ambiente; em dias frios, o processo é mais lento do que em dias quentes.
2. Dois ou três dias depois, coloque um pouco de leite integral próprio para consumo em outro copo.
3. Observe atentamente as duas amostras, comparando-as.

1. Descreva como é a aparência do leite integral próprio para consumo usando os sentidos: olfato, visão, tato, paladar.
2. O leite é uma mistura homogênea ou heterogênea?
3. Como é o líquido que se separa do leite quando este azeda? Você já observou essa situação na produção de algum laticínio, como iogurte ou queijo branco?

Segunda rodada investigativa

EM GRUPO

Procedimento

1. Neste momento será feita a observação de gordura no leite.

- Com um dia de antecedência, coloquem uma colher (de chá ou de café) de leite integral próprio para consumo em papel-manteiga e deixem secar. No dia seguinte, verifiquem como ficou o papel-manteiga.

2. O próximo passo é fazer o teste da presença de proteínas no leite.

- Coloquem, aos poucos, suco de limão ou vinagre em um copo de leite próprio para consumo.
- Mexam com a colher de plástico e observem o que ocorre.
- Coem o leite com o pedaço de pano de algodão, conforme figura B.

3. Para finalizar, vamos verificar se existe água no leite.

- Para fazer o teste, o professor irá aquecer um pouco de leite próprio para consumo em um recipiente com tampa.
- Depois de 5 minutos, a tampa deve ser retirada para que vocês a observem.

↑Figura A: coloque vinagre (ou limão) no copo com leite.

↑Figura B: depois, coe esse leite.

Reflita e registre

NO CADERNO

1. Com relação ao experimento da **Primeira rodada investigativa**, qual era o aspecto do papel-manteiga após a realização? A marca no papel indica a presença de que material?
2. Quanto ao experimento da **Segunda rodada investigativa**, o que foi possível observar? Conversem com o professor, discutam o que se formou como resultado desse experimento e anotem as conclusões. Dica: o leite é um dos alimentos mais ricos em proteína.
3. A que conclusão foi possível chegar ao analisar a tampa do recipiente em que estava o leite quente?

Concluindo a investigação

1. Elabore um texto sobre as atividades experimentais anteriores que relate como, por meio do procedimento apresentado, a mistura foi separada e a composição do leite pôde ser verificada.
2. Ao analisar as embalagens de leite em casa ou mesmo observar imagens de embalagens na internet, é possível ler nos rótulos: “leite homogeneizado” ou “leite pasteurizado”. Faça uma pesquisa para descobrir o que é homogeneização e o que é pasteurização.
3. O que mais você gostaria de saber a respeito do leite e estaria disposto a pesquisar?

A pecuária de gado leiteiro

O Brasil tem um dos dez maiores rebanhos de gado leiteiro do mundo, com cerca de 25 milhões de cabeças de fêmeas produtoras de leite. A maneira de fazer a criação do gado destinado à produção de leite pode variar. Em nosso país, há os sistemas extensivo, semi-intensivo e intensivo.

De modo geral, no **sistema extensivo,** o gado é criado exclusivamente solto em pastos, dentro das propriedades. Esse é o caso da maioria das fazendas produtoras de leite do Brasil, predominante nas regiões Norte, Nordeste e Centro-Oeste.

No **sistema semi-intensivo**, o pasto recebe grande investimento tecnológico para fornecer alimento de alta qualidade para os animais. Na época do ano em que o pasto cresce pouco, o gado recebe suplementos alimentares e fica confinado parte do tempo. Esse sistema predomina nas regiões Sudeste e Sul e vem crescendo no país.

VanderWolf-Images/iStockphoto.com

↑ No sistema de criação extensiva, o gado se alimenta em grandes áreas de pasto.

Tecnologia na pecuária

No **sistema intensivo** há o modelo em confinamento, no qual o gado é mantido o tempo todo confinado nos estábulos, sendo alimentado exclusivamente no cocho com **forragens** conservadas, e também o modelo a pasto, no qual a alimentação é mesclada com pasto e suplementação no cocho. Há consumo de energia para iluminação e ventilação do estábulo. Em comparação aos outros sistemas, é menos adotado pelos produtores, mas apresenta um alto grau de rendimento da produção.

Chico Ferreira/Pulsar Imagens

↑ Exemplo de sistema de criação semi-intensivo, com gado alimentado em cocho.

GLOSSÁRIO

Forragem: alimento processado, constituído por alfafa, capim, aveia, centeio e farelos vegetais, que podem ser conservados úmidos ou secos, para uso fora da época da colheita.

Há outros fatores que interferem na quantidade e na qualidade do leite produzido no Brasil: o clima, o sistema de ordenha (manual ou mecanizada), o tipo de alimentação, a raça bovina, entre outros. Em algumas regiões, sobretudo na Sul, é comum os pequenos produtores se organizarem em cooperativas e associações leiteiras para comprar materiais e serviços necessários (vacinas, transporte, máquinas etc.), negociar coletivamente a venda do leite a um preço mais vantajoso e, em alguns casos, até para beneficiar o leite, isto é, torná-lo adequado para armazenamento, comercialização e consumo.

branex/iStockphoto.com

↑ Exemplo de sistema intensivo, com gado confinado em estábulo e alimentado no cocho.

1. Com base no texto e nas imagens dos diferentes sistemas de criação do gado, preencha a tabela a seguir, comparando-os.

	Extensivo	Semi-intensivo	Intensivo
Área ocupada para pasto			
Infraestrutura necessária			
Energia consumida			

2. Em sua opinião, qual maneira de criar bovinos afeta mais o solo, a água e os seres vivos do ecossistema: com o gado solto ou confinado? Explique. Para responder, use as informações do texto e lembre-se de que o gado pisoteia o solo e se alimenta de ervas e brotos das plantas.

Pecuária sustentável

A pecuária extensiva sofre muitas críticas. O pisoteio constante dos animais leva à degradação do solo e impede o crescimento das plantas; além disso, eles consomem a vegetação que germina no pasto. Com solo e plantas afetados, a água local também tende a diminuir. E, como é largamente comprovado, a conservação da água superficial (nascentes, rios e lagos) depende diretamente da presença de vegetação.

Acompanhe a matéria jornalística a seguir para examinar outros pontos críticos.

Pecuária sustentável é mais lucrativa e presta serviços ambientais

A pecuária é vista como um vilão do meio ambiente. Isso se deve ao desmatamento de florestas nativas para abertura de pastagens, às extensas áreas de plantação de grãos como a soja, que servem de alimento para o gado, e também às outras pegadas ecológicas da produção de carne e leite, como a emissão de metano produzido pelo processo digestivo do boi, que aumenta a emissão de gases de efeito estufa. Mas o processo pode e deve ser diferente, segundo Leonardo Rezende, produtor rural, pesquisador e sócio do projeto Pecuária Neutra. [...]

"A forma como fizemos pecuária desde o Período Colonial foi apenas extrativista. Só retiramos recursos do meio ambiente e não devolvemos", diz Rezende. Um dos problemas mais comuns é deixar o gado pastar livremente e não permitir que o capim se recupere. "Estamos sugando da terra mais do que deveríamos". [...] "Toda pastagem precisa de um intervalo mínimo de descanso, de 30 a 60 dias", afirma o pesquisador. [...]

Um sistema de manejo de pastagem saudável, que permita que o capim se regenere e que a propriedade não perca sua cobertura vegetal, é uma forma mais sustentável de praticar a pecuária. Uma evolução disso seria a integração pecuária-floresta, ou sistema agroflorestal, que mescla a produção de animais com o plantio de árvores na propriedade [...].

[...] A integração entre árvores e pasto melhora o bem-estar animal, já que fornece sombra para o gado durante o período de pastagem, e também melhora o microclima. [...]

Além disso, ter uma cobertura vegetal com diversas alturas – capim para pastagem, arbustos e árvores – imita uma paisagem natural, com bosque, sub-bosque e copa das árvores. [...] Nesse sistema, a matéria orgânica do solo é muito mais nutritiva, diminuindo a necessidade de uso de adubos, herbicidas e agrotóxicos na agricultura.

[...] Segundo o produtor, o consumidor tem um papel importante na cadeia, que é o de ler rótulos e investigar a origem do que compra. [...] "O consumidor tem que fomentar esse tipo de iniciativa, privilegiando os produtores sustentáveis, e estimular os que ainda não chegaram lá a melhorarem seu produto e prestarem serviços ambientais", diz.

Juliana Tiraboschi. Pecuária sustentável é mais lucrativa e presta serviços ambientais. *Estadão*, 20 set. 2017. Disponível em: https://sustentabilidade.estadao.com.br/noticias/geral,pecuaria-sustentavel-e-mais-lucrativa-e-presta-servicos-ambientais,70002009609. Acesso em: 15 maio 2019.

Jurandir Melado/Fazenda Ecológica

↑ Criação de gado no sistema de integração entre árvores e pasto.

VAMOS APROFUNDAR

1. Como o capim de pastos degradados pode se recuperar?
2. Como é possível introduzir uma paisagem natural no pasto? Desenhe, em uma folha à parte, essa paisagem como você a imagina.
3. De que forma se pode colaborar para uma pecuária mais saudável quando se compra leite? Explique.
4. Anote o aspecto que você considera mais importante da discussão apresentada no texto.

Você sabe como funciona uma usina de leite?

Em muitas fazendas, além de se utilizar o terreno para a atividade de criação de gado, usa-se parte dele para a construção de usinas de beneficiamento do leite. O leite já sai dessas usinas higienizado e embalado para consumo ou para ser enviado a indústrias de laticínios.

Observe estas fotografias. Elas retratam algumas etapas de produção de uma usina de leite.

fotolinchen/Getty Images

↑ O leite fica armazenado em cilindros térmicos e mantido a baixas temperaturas (entre 3 °C e 4 °C) para evitar a proliferação de bactérias. A nossa geladeira tem função semelhante à desses equipamentos.

Alba_alioth/Shutterstock.com

↑ A pasteurização é um processo que consiste no aquecimento e resfriamento imediato do leite. A variação brusca de temperatura destrói a maior parte de bactérias e outros microrganismos, prolongando a conservação do leite.

Nigel Cattlin/Alamy/Fotoarena

↑ O leite passa por uma centrífuga, onde ocorre a padronização do teor de gordura em 3%, com retirada de leite para produção de manteiga, envasamento do leite tipo C e UHT. O leite integral permanece com toda a gordura original.

Baloncici/iStockphoto.com

↑ Por fim, ocorre o envasamento do leite, que, para seguir padrões de higiene, é feito sem contato humano.

O papel da água

A água é muito importante em uma usina de beneficiamento de leite, pois é utilizada tanto para resfriamento dos equipamentos e tubulações quanto para limpeza de pisos e demais instalações.

Essa água, quando descartada, gera resíduos líquidos, conhecidos como **efluentes industriais**. Os efluentes das indústrias de laticínios contêm compostos do leite, como gorduras, carboidratos (lactose) e proteínas (caseína).

Caso seja lançado diretamente em cursos de água sem tratamento adequado, esse efluente industrial passa a ser um poluente. A fim de que isso não ocorra, é necessário fazer o controle ambiental nas usinas para redução, reciclagem e reúso dessa água.

Alejo Miranda/Shutterstock.com

↑Água é utilizada por trabalhador com uniforme e equipamentos de proteção para higienizar parte de uma usina de beneficiamento de leite.

1. Com suas próprias palavras, reescrevam as legendas das etapas de beneficiamento do leite. Expliquem por que cada uma dessas etapas é importante para a conservação do produto, isto é, como impedem a proliferação de microrganismos.

2. Façam uma sequência com as principais etapas da produção e do consumo do leite. Iniciem pela criação do gado, passando pela usina de beneficiamento, transporte e distribuição até chegar no consumidor. Indiquem quais etapas ocorrem no campo e quais ocorrem na cidade.

3. Voltem à sequência desenvolvida para a atividade anterior e indiquem onde há descarte de resíduos.

4. Qual é a importância do descarte adequado dos efluentes?

O leite e a embalagem longa vida

Atualmente, a maioria do leite é distribuído em embalagem longa vida. Por que isso acontece? Elabore algumas suposições antes de ler o texto a seguir.

Leite apresenta inovações em embalagens

[...] No Brasil, por exemplo, quando as embalagens cartonadas surgiram no mercado, em companhia da tecnologia do processamento térmico de ultrapasteurização – mais conhecido por UHT –, permitiu-se que o leite fosse distribuído em distâncias crescentes dos centros de produção, mudando de forma definitiva o mapa de produção de leite no país. Desta forma, regiões produtoras tradicionais, como o leste de São Paulo, o sul de Minas e o Rio de Janeiro, que tinham praticamente uma segura reserva de mercado, já que o leite não poderia vir de longe, perderam espaço para novas regiões, como o Centro-Oeste, o oeste de Minas Gerais, São Paulo e Paraná, e o Sul do país.

Com o desenvolvimento das embalagens cartonadas, as indústrias de alimentos registraram uma mudança extraordinária na distribuição dos seus produtos. Para os laticínios, mais precisamente para o leite UHT, foi esse tipo de embalagem que promoveu proteção suficiente a ponto de garantir a manutenção da qualidade, por um longo prazo, sem a necessidade de refrigeração e uso de conservantes.

Paula Foroni, Marcelo P. de Carvalho e Maria Beatriz T. Ortolani. Leite apresenta inovações em embalagens. *MilkPoint*, 18 abr. 2013. Disponível em: www.milkpoint.com.br/noticias-e-mercado/giro-noticias/leite-apresenta-inovacoes-em-embalagens-83442n.aspx. Acesso em: 5 abr. 2019.

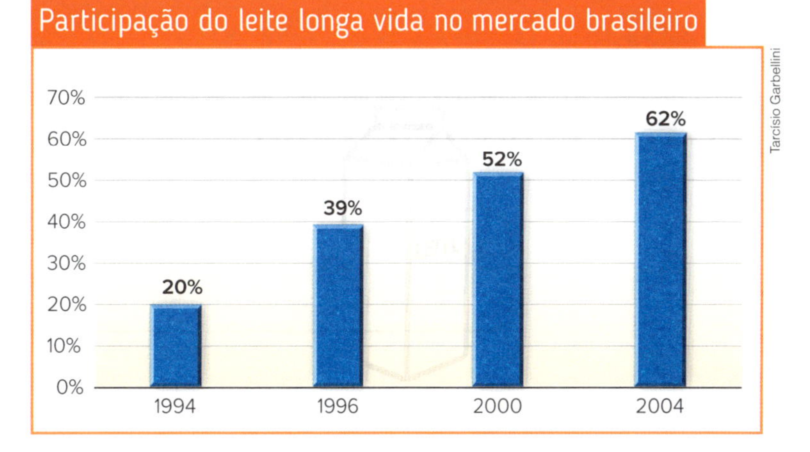

Fonte: Duarte Vilela *et al*. A evolução do leite no Brasil em cinco décadas. *Revista de Política Agrícola*, ano 26, n. 1, p. 21, jan./mar. 2017.

VAMOS APROFUNDAR

1. Identifique as inovações tecnológicas ligadas à cadeia produtiva do leite mencionadas no texto.

2. De que forma a produção e distribuição de leite no Brasil sofreu mudanças com o surgimento dessas tecnologias?

3. A nova tecnologia para embalar o leite (figura ao lado) cria mais desafios em relação aos resíduos do consumo doméstico. Você sabe explicar por quê? Anote suas hipóteses.

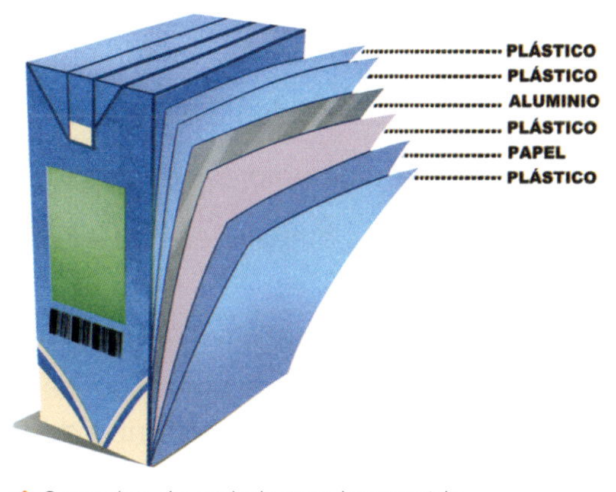

↑ Camadas da embalagem longa vida.

ETAPA 2 FAZENDO ACONTECER

Neste momento, vocês devem se organizar em grupos de três ou quatro alunos. Todos os grupos devem voltar à questão norteadora da seção **Direto ao ponto**:

O que há por trás do leite como alimento e como produto?

Orientações gerais

Em grupo

As propostas investigativas a seguir são como peças que se encaixam para ajudar a responder à questão norteadora. Para começar, cada grupo deve desempenhar as seguintes tarefas:

- Ler e comentar a atividade individual da primeira fase da proposta investigativa, preparando-se para ela.
- Combinar o cronograma da segunda fase.

PROPOSTA INVESTIGATIVA 1

LEITE, UMA RICA MISTURA

Meta

Comparar entre tipos de leite disponíveis para consumo.

Primeira fase

Individualmente

1. Observe embalagens de vários tipos de leite (integral, semidesnatado e desnatado) e compare as informações nutricionais. Pesquise o que é leite *in natura*.
2. Analise uma embalagem de leite longa vida e registre suas observações. Verifique se:
   - é produzido no mesmo estado em que você vive;
   - a empresa distribuidora é a mesma que a produtora;
   - trata-se de uma empresa nacional ou multinacional.
3. Observe duas embalagens de leite longa vida: uma cheia e outra vazia.
   - Compare o peso relativo delas, colocando uma em cada mão.
   - Com a supervisão de um responsável, pegue a embalagem vazia e verifique os materiais que a compõem e qual é a resistência dela a perfurações (use garfos) e amassamento.
4. Guarde uma embalagem vazia do tipo longa vida para a segunda fase.

narvikk/iStockphoto.com

Uma embalagem longa vida requer bastante tecnologia em sua produção.

Segunda fase

Em grupo

1. Tragam as embalagens e as anotações para a sala de aula e comparem com os dados coletados pelos colegas.
2. Comparem os nutrientes dos leites integral, semidesnatado e desnatado.
3. Um modo de classificar o leite corresponde aos tipos A, B ou C. Analisem o quadro a seguir e verifiquem o que os diferencia.

Características dos leites tipo A, B e C

Tipos de leite	Origem	Transporte até a usina	Beneficiamento	Número máximo de bactérias	Porcentagem aproximada de gordura
A	Há um só rebanho na própria fazenda, com ordenha mecânica.*	Não há.	O leite é pasteurizado e envasado no mesmo local da ordenha, além de ficar mantido em refrigeração. Pode ser homogeneizado	500 UFC/mL	3-4%**
B	Há vários rebanhos, de fazendas diferentes, com ordenha mecânica.	Coletado em latões de diferentes locais e levado até a usina de beneficiamento, o produto fica resfriado.	O leite é pasteurizado. Pode também ser homogeneizado.	40 000 UFC/mL	3-4%**
C	Há vários rebanhos, em fazendas diferentes, com ordenha manual.	Coletado em latões de diferentes locais e levado até a usina de beneficiamento, o produto fica resfriado.	O leite é pasteurizado.	150 000 UFC/mL	3%***

*Cada rebanho tem uma forma de cuidado e de nutrição que influi na qualidade do leite. A qualidade do leite procedente de um só rebanho é mais facilmente controlada do que a do leite originado de vários rebanhos.
**Valores de gordura que indicam o leite integral variam entre 3% e 4%.
***O leite C pode ser beneficiado e ter a quantidade de gordura alterada.

A sigla UFC significa "unidade formadora de colônias" e refere-se à formação de colônias de bactérias. A legislação estabelece um limite máximo desses microrganismos no leite. O controle é feito pelos órgãos de fiscalização sanitária, que colhem amostras do leite e, após algum tempo, contam as UFCs em cada uma.

a) Caso o leite longa vida fosse acrescentado ao quadro acima, quais seriam os dados a respeito desse produto?

b) Considerando o teor de gordura, qual deve ser o melhor leite para fazer manteiga? E para fazer iogurte ou queijo branco?

c) Qual tipo de leite exige mais tecnologia na primeira etapa do processo produtivo? E qual tipo exige menos?

d) De acordo com as informações do quadro, qual é a relação entre o tipo de leite – A, B ou C –, a localização da criação do gado e a usina de beneficiamento?

e) O que pode influir na diferença de preço dos vários tipos de leite?

4. Agora, vocês irão preparar pequenas palestras para apresentar aos alunos dos anos anteriores. O conteúdo será apoiado nas experimentações que vocês fizeram na **Etapa 1** deste projeto: a comparação entre os vários tipos de leite de vaca e as transformações decorrentes das inovações da embalagem do leite longa vida, mencionando suas vantagens e desvantagens. Enriqueçam a apresentação com imagens, tabelas e outros dados relevantes. Vocês podem utilizar cartazes ou apresentação de *slides*.

PROPOSTA INVESTIGATIVA 2

LEITE, NOSSO PRIMEIRO ALIMENTO

Meta

Preparar folheto sobre a importância do aleitamento materno.

Primeira fase

Individualmente

Logo depois do parto, o primeiro leite produzido pelas mamas ainda não tem o aspecto comum do leite; é amarelado e aguado. Esse leite, chamado **colostro**, é de fato especial, com uma composição muito rica em substâncias que protegem a saúde do recém-nascido e facilitam a produção das primeiras fezes (mecônio). Quantas mães sabem disso?

Com ajuda dos adultos da família, encontre pelo menos uma mãe disposta a ser entrevistada sobre amamentação. A seguir, apresentamos uma sugestão de roteiro.

1. De que forma seus filhos tomaram leite quando bebês? Foram amamentados ou alimentados com leite especial para bebês, conhecido como fórmula infantil? Caso tenham sido amamentados, foi durante quanto tempo?
2. Quais são as vantagens e as desvantagens de se alimentar uma criança bem pequena com mamadeira?
3. Se sua entrevistada amamenta ou já amamentou, pergunte também:
   a) Quais vantagens e dificuldades você tem/teve para amamentar?
   b) O que você sabe sobre a importância da amamentação para a saúde dos filhos?

Com base nessas orientações, elabore as perguntas e faça a entrevista.

Registre a entrevista em áudio. Se possível, tire uma fotografia da mãe enquanto ela amamenta. Lembre-se de que é fundamental que esses registros sejam previamente autorizados pela pessoa entrevistada.

Jr Manolo/Fotoarena

↑Leite materno estocado em um banco de leite.

O aleitamento materno é tão importante que há no Brasil bancos de leite que disponibilizam esse alimento para mães que não podem amamentar.

Segunda fase

Em grupo

1. Organizem os dados das entrevistas. Para isso, preparem um quadro como o apresentado abaixo para cada mãe. Usem uma linha para cada criança indicada pela mãe, caso haja mais de uma.

Mãe entrevistada	Tipo de alimentação		Motivos apresentados
	Amamentação	Fórmula infantil	
Nome da entrevistada: filho1	Assinale a opção	Assinale a opção	Descrição do motivo
Nome da entrevistada: filho2	Assinale a opção	Assinale a opção	Descrição do motivo

2. Conversem entre si sobre as respostas das mães e combinem como registrar, em poucas palavras, os motivos apresentados por elas (por exemplo: doença, excesso de trabalho, falta de tempo, gosto em cuidar do recém-nascido, ato natural etc.).

3. Analisem os resultados.

   a) Identifiquem se há mais bebês que foram amamentados ou que se alimentaram com fórmula infantil a partir do primeiro ou segundo mês de vida.

   b) Conversem a respeito dos motivos apresentados pela mãe para a opção feita.

4. Aprofundem o tema sobre a disputa social da amamentação natural *versus* a alimentação com a fórmula infantil lendo o texto a seguir. Registrem os principais elementos dessa disputa.

Em reunião da OMS, EUA se opõem a resolução de incentivo a leite materno

[...] Baseada em décadas de pesquisa, a resolução afirmava que o leite da mãe é o mais saudável para as crianças e que os países deveriam se esforçar para limitar propagandas enganosas ou imprecisas de substitutos de leite materno.

Foi então que a delegação dos EUA, em apoio a interesses de produtores de fórmula infantil, interrompeu as deliberações.

[...] Os oficiais americanos tentaram diminuir o alcance da resolução buscando remover trechos que incentivavam os governos a proteger, promover e apoiar o aleitamento materno.

[...] No fim, os americanos falharam em sua tentativa, considerando que a resolução preservou a maior parte do seu texto original.

[...] O ramo [indústria alimentícia para bebês] de US$ 70 bilhões (R$ 266 bilhões) [...] vive um período de estagnação em países desenvolvidos, conforme mais mulheres adotam a amamentação.

Andrew Jacobs. Em reunião da OMS, EUA se opõem à resolução de incentivo a leite materno. *Folha de S.Paulo*, 9 jul. 2018. Disponível em: www1.folha.uol.com.br/equilibrioesaude/2018/07/em-reuniao-na-oms-eua-se-opoem-a-resolucao-de-incentivo-a-leite-materno.shtml. Acesso em: 5 abr. 2019.

5. Com base nas anotações de vocês, o grupo preparará folhetos para conscientizar as mulheres grávidas da comunidade escolar sobre a importância do aleitamento materno. Sugerimos o roteiro a seguir.

- Considerem todos os textos lidos, a comparação entre os diferentes tipos de leite para uso infantil e os registros das entrevistas que fizeram (fotografias e textos).
- Resumam as informações que serão incluídas no folheto, que deve ter um texto pequeno, apenas com os dados mais importantes. Uma sugestão é organizar o texto em perguntas e respostas, organizá-las no folheto e intercalá-las entre as imagens, que também devem ser informativas.
- Apresentem a toda a turma o plano para o folheto, e expliquem como vocês selecionaram as informações e, se houver, as imagens.
- Com o folheto montado, organizem – com o apoio dos professores – a reprodução e a distribuição dele para as grávidas da comunidade escolar.
- Vocês podem distribuí-lo, por exemplo, na entrada ou saída do período escolar para mulheres que se interessarem. Durante a distribuição do folheto, aproveitem para conversar com as grávidas sobre a importância do aleitamento materno e demonstrar o conhecimento de vocês a respeito do assunto.

PROPOSTA INVESTIGATIVA 3

PRODUTOS LÁCTEOS

Meta

Preparar uma exposição para a comunidade escolar.

Em sua região, há algum tipo de queijo (ou de outro produto lácteo) bastante conhecido cuja produção gera trabalho e renda para várias pessoas?

Primeira fase

Individualmente

1. No primeiro momento, observe embalagens de vários produtos lácteos e compare as informações nutricionais deles. Depois anote suas observações para poder compartilhar com o grupo.

Segunda fase

Em grupo

1. Providenciem amostras de produtos lácteos, como pequenas porções de manteiga, queijo branco, iogurte natural, em pires. Anotem no caderno suas observações.
2. Pesquisem e acrescentem nas anotações mais dados sobre alguns produtos observados, considerando a tabela a seguir.

Composição nutricional de produtos lácteos de leite de vaca integral

Produto	Energia	Proteína	Gordura	Cálcio
Leite integral (200 mL)	136 kcal	6,8 g	8,0 g	234 mg
Leite desnatado (200 mL)	70 kcal	7,2 g	0,62 g	258 mg
Leite condensado (100 g)	333 kcal	8,5 g	10,1 g	290 mg
Iogurte (100 g)	79 kcal	5,7 g	3,0 g	200 mg
Queijo *cheddar* (100 g)	416 kcal	25,4 g	34,9 g	739 mg

Fonte: Rosângela Zoccal. Leite no copo, no Brasil e no mundo. *Balde Branco*, 16 maio 2017. Disponível em: www.baldebranco.com.br/leite-no-copo-no-brasil-e-no-mundo. Acesso em: 15 maio 2019.

3. Pesquisem a influência de alguns produtos lácteos derivados do leite na alimentação, entre eles iogurte, manteiga, queijos amarelos e brancos, doce de leite e queijo tipo *petit suisse*. São todos considerados "saudáveis"? Podem ser consumidos sem restrições?

   Para a exposição, considerem tudo o que investigaram até aqui e sigam as orientações.

4. Selecionem as embalagens de produtos lácteos que serão expostos.
5. Com base nas pesquisas, elaborem sinalização e explicações suplementares sobre cada produto que será exposto. Na explicação, procurem destacar os produtos locais e dar informações relacionadas à produção deles: local, tamanho, algumas das etapas do processo de produção, bem como seu papel na alimentação humana.
6. Criem textos a respeito do que foi investigado para apresentar os produtos em cartazes ou *slides* na exposição. Eles devem ser curtos, destacando as informações mais importantes, acompanhados por imagens informativas. Outra sugestão é organizar o texto em perguntas e respostas e distribuí-lo no formato de um folheto.

ETAPA 3 RESPEITÁVEL PÚBLICO

É chegada a hora de finalizar as propostas investigativas feitas pelos grupos e comunicá-las para um público mais amplo. Todas elas se relacionam ao tema geral do projeto e à questão do quadro **Direto ao ponto** (página 47).

Os produtos finais são momentos de troca e de compartilhamento, entre os alunos, do que foi aprendido durante o processo. É justamente a participação de cada aluno nas apresentações de todos os grupos que possibilita a compreensão do tema deste projeto de forma mais ampla.

Neste projeto, as investigações sobre a criação do gado e a produção do leite – sobre a composição nutricional deste alimento e de seus derivados, bem como sua comparação com o leite materno – promovem melhor compreensão da importância desse produto para a transformação de paisagens nativas, para a economia do país e para nossa alimentação e saúde, desde que nascemos.

Agora é hora de divulgar os estudos realizados, tendo como base a síntese do grupo. Troque ideias com os colegas e ouça as sugestões do professor.

ATITUDES LEGAIS

Nesta etapa, verifique se você:

- está ouvindo atentamente seu colega;
- não está impondo sua vontade;
- está sendo paciente com quem tem maiores dificuldades de se expressar.

Produto final

- Evento de divulgação de conhecimentos.
- Palestra sobre os tipos de leite.
- Distribuição de folhetos sobre amamentação natural.
- Exposição de produtos lácteos.

Avaliação coletiva

Em uma aula com os professores de Ciências e Geografia, toda a turma conversará a respeito do desenvolvimento do projeto escolhido. Seguem algumas perguntas para nortear a conversa.

- O que foi aprendido com esse projeto, tendo em vista o que vocês pesquisaram?
- Os produtos finais contribuíram para ampliar o conhecimento sobre o leite como produto e alimento?
- Que outras investigações poderiam ser realizadas?
- Como a questão norteadora foi ampliada?

Avaliação individual

Conclua a avaliação feita ao longo do projeto.

PeopleImages/iStockphoto.com

Visto em nossas mesas apenas como produto, o leite envolve tecnologia e o trabalho de muitas pessoas, que se dedicam a produzir alimento e gerar renda. Conhecer os processos que envolvem esse produto, desde suas características químicas até suas implicações socioculturais, é, portanto, bastante importante. Ganha destaque também a necessidade de reconhecer a importância do gado leiteiro. Esperamos que os saberes adquiridos neste projeto sirvam para defendermos melhores condições para esses animais.

Nossas notícias

Hoje estamos constantemente rodeados de informações. Os conteúdos disponibilizados pela mídia – ou seja, meios de comunicação como jornais, revistas, televisão, rádio e internet – possibilitam tomar conhecimento sobre diversos assuntos, formar opiniões e tomar decisões.

De maneira geral, espera-se que o jornal – ou qualquer outra fonte de notícias – traga informações confiáveis. Uma forma de destacar essa intenção é usar dados numéricos. Em certos artigos e reportagens, os números estão bastante presentes, reforçando a sugestão de credibilidade. Por isso é necessário saber interpretá-los.

Por trás de uma aparente imparcialidade dos números, porém, existe um autor ou uma equipe de autores que elabora a matéria. A organização e a elaboração do texto são sempre feitas de acordo com um ponto de vista e por meio de escolhas, que envolvem palavras, dados ou imagens.

Afinal, é possível saber o que pensam aqueles que elaboram as matérias dos jornais?

DE OLHO NO TEMA

Na fotografia a seguir vemos uma menina lendo jornal. O protótipo do que pode ser considerado um dos primeiros jornais surgiu no Império Romano, em 59 a.C., e era conhecido como *Acta Diurna* (atos diários). Era escrito em latim e trazia notícias sociais em grandes placas de pedra colocadas em pontos visíveis de Roma. O costume de divulgar notícias pelo meio impresso somente cresceu, permanecendo forte até os dias atuais.

Little Blue Wolf Productions/Corbis/Getty Images

- O que você precisa saber para escrever uma notícia?
- Como você faria para defender suas ideias em um texto?
- Você acha que dados numéricos dão mais credibilidade às notícias? Procure observar as primeiras páginas de jornais para responder.

DIRETO AO PONTO

Por que há diferentes maneiras de informar um mesmo fato em textos jornalísticos?

JUSTIFICATIVAS

- Todos os dias, são divulgadas notícias sobre nosso país e o mundo. Essas notícias são contadas por um tipo de autor, o jornalista. Cada jornalista tem uma formação e experiências particulares, bem como diferentes interesses e expectativas, que formam uma compreensão particular da realidade. É necessário aprender a analisar o envolvimento do jornalista na elaboração da matéria (de jornal, revista etc.), seja para se informar, seja para analisar os dados, seja para refletir a respeito da realidade.

OBJETIVOS

- Comparar diferentes matérias jornalísticas sobre um mesmo tema.
- Observar o envolvimento do jornalista e identificar sua opinião em uma matéria.
- Investigar a apresentação de dados numéricos.
- Produzir uma matéria de jornal para mídia impressa ou outras.

QUAL É O PLANO?

Etapa 1 – Explorando o assunto

- Pontos de vista em foco
- Notícias e seus números
- Onde estão as notícias?

Etapa 2 – Fazendo acontecer

- **Proposta investigativa 1** – Nossa escola
- **Proposta investigativa 2** – Nossa comunidade
- **Proposta investigativa 3** – Personalidades do bairro

Etapa 3 – Respeitável público

- Organização e seleção dos conhecimentos adquiridos
- Preparação e apresentação dos produtos finais

Balanço final

- Avaliação individual e coletiva

Avaliação continuada: Vamos conversar sobre isso?

Garotos na Itália leem notícia no jornal *L'Unitá*, 1946, com a manchete “La Repubblica è certa” (“A república é certa”, isto é, ocorrerá). A notícia refere-se à queda do último rei da Itália, Humberto II, que fora deposto naquela ocasião, dando início à república.

Bettmann Archive/Getty Images

ETAPA 1 EXPLORANDO O ASSUNTO

Pontos de vista em foco

As notícias apresentam os fatos recentes do dia a dia. Já as reportagens podem questionar e buscar explicações, colocando um acontecimento em debate. Para defender ideias e pontos de vista, surgem os artigos de opinião. Diferentes assuntos ganham maior ou menor destaque na mídia nacional e/ou internacional dependendo do momento. Um dos assuntos de interesse global hoje é a imigração. E, sendo um tema muito debatido, é comum que haja pontos de vista diferentes, com dados para apresentar os lados da questão.

A imigração – mudança de pessoas entre países e regiões – não é um fato novo, mas se torna um assunto cada vez mais debatido devido ao aumento desses deslocamentos, causados por guerras, perseguições políticas e desastres naturais.

Leia e comente com os colegas os trechos das matérias a seguir, que abordam o mesmo tema de diferentes modos.

Matéria jornalística 1

www.efe.com/efe/america/sociedad/la-poblacion-inmigrante-en-ee-uu-supero-los-43-millonessegun-un-estudio/20000013-3409840

A população imigrante nos EUA chega a 43,7 milhões

Entre 2010 e 2016, 8,1 milhões de imigrantes chegaram aos Estados Unidos, em comparação a cerca de 300 mil que saem do país anualmente e número similar de falecimentos

Los Angeles, 16 out. 2017

A população imigrante dos Estados Unidos, incluindo residentes legais e em **situação irregular**, alcançou o número recorde de 43,7 milhões em 2016. Segundo informe apresentado pelo Centro de Estudos de Imigração (CIS), a maior parte desses imigrantes vem do México.

A análise do Centro afirma que um a cada oito residentes dos Estados Unidos é imigrante, "o maior percentual dos últimos 106 anos".

Para comparar, em 1980, um a cada 16 residentes era imigrante [...]. Entre 2010 e 2016, chegaram aos Estados Unidos 8,1 milhões de imigrantes [...], segundo a análise que indica que 1,1 milhão de novos imigrantes vieram do México entre 2010 e 2016, o equivalente a um em cada oito dos recém-chegados.

Nesse período, os maiores aumentos no número de imigrantes por país vieram da Índia (com 654202 novos residentes), China (550022), República Dominicana (206134), El Salvador (172973), Cuba (166939), Filipinas (164077), Honduras (128478), Vietnã (112218), Venezuela (106185) e Guatemala (104883).

Os imigrantes Adan Pozos Lopes (esquerda) e Rafael Ramirez Cortez fotografados enquanto trabalham com ostras em Maryland, Estados Unidos.

Astrid Riecken/The Washington Post/Getty Images

[...]

Com 27,2% de imigrantes, a Califórnia é o estado com a maior população estrangeira, seguido de Nova York (23%), Flórida (20,6%), Nova Jersey (22,5%) e Nevada (20%), conforme relatório produzido com base no censo.

La población inmigrante en EE.UU. superó los 43 millones, según un estudio. *Agencia EFE*, 16 out. 2017. Disponível em: www.efe.com/efe/america/sociedad/la-poblacion-inmigrante-en-ee-uu-supero-los-43-millones-segun-un-estudio/20000013-3409840. Acesso em: 15 maio 2019. Tradução livre.

GLOSSÁRIO

Situação irregular: caso em que a pessoa não tem a documentação necessária para determinada ação. Neste caso, refere-se à permanência em território estrangeiro.

Matéria jornalística 2

https://brasil.elpais.com/brasil/2017/01/13/internacional/1484322393_809504.html

Imigração nos Estados Unidos: da grande inclusão à grande expulsão?

Os EUA sempre mostraram uma capacidade extraordinária de absorção de milhões de imigrantes. Mas o caminho nunca foi livre de obstáculos

Rubén G. Rumbaut, 15 jan. 2017

Embora as manchetes dos jornais possam indicar outra coisa, somente 3% dos mais de 7 bilhões de habitantes do planeta são migrantes internacionais, pessoas que vivem fora do país onde nasceram. Mesmo assim, são em número cada vez maior aqueles que emigram, especialmente do sul para o norte, e, nesse processo, o mundo passa por uma transformação inevitável. Vivemos em uma época na qual a proporção de pessoas ricas (e idosas) é cada vez menor em contraposição a uma presença cada vez maior de pessoas pobres (e jovens); as pressões migratórias crescem sem parar em consequência das desigualdades internacionais e de conflitos insolúveis; e os países mais desenvolvidos se veem diante de uma encruzilhada decisiva em termos demográficos e de trabalho. [...]

Granger, NYC./Alamy/Fotoarena

Navio com migrantes em direção a Nova York, Estados Unidos, em 1906.

Uma característica fundamental da história dos Estados Unidos foi a extraordinária capacidade da chamada nação de imigrantes para absorver, como uma esponja gigantesca, dezenas de milhões de pessoas de todas as classes, culturas e países. Essa virtude admirável, porém, sempre conviveu com uma face mais sórdida do processo de construção e formação nacional. Com efeito, grande parte da história norte-americana pode ser vista como um movimento [...] de inclusão e exclusão e, em casos extremos, de expulsões e deportações forçadas. [...]

Na atualidade, os imigrantes representam mais de 25% das 38 milhões de pessoas que vivem na Califórnia, e mais da quarta parte de todos os imigrantes do país moram nesse estado. Isso se deve a vários fatores: a **lei de imigração** de 1965 (que revogou uma norma racista de 1924 que impunha cotas por país de origem), o reassentamento de centenas de milhares de **refugiados** de Cuba durante a Guerra Fria e de Vietnã, Laos e Camboja após o fim da Guerra do Vietnã, em 1975, e a **anistia** concedida pela lei de reforma e controle da imigração de cidadãos sem documentos, em 1986. [...].

GLOSSÁRIO

Anistia: termo político que se refere ao perdão de algum ato cometido; liberação de penalidade.

Lei de imigração: regras que regularizam ou reconhecem a entrada e a residência de imigrantes em países estrangeiros.

Refugiado: pessoa obrigada a mudar de país por causa de guerras, perseguição política, religiosa e/ou desastres naturais.

Rubén G. Rumbaut. Imigração nos Estados Unidos: da grande inclusão à grande expulsão? *El País*, 15 jan. 2017. Disponível em: https://brasil.elpais.com/brasil/2017/01/13/internacional/1484322393_809504.html. Acesso em: 15 maio 2019.

VAMOS APROFUNDAR

1. Comparando os títulos e as primeiras linhas logo abaixo dos títulos, que complementam a manchete e são chamadas de **olho**, como podemos perceber os diferentes pontos de vista sobre o mesmo assunto? Identifique o **fato central** em cada texto e as palavras associadas a esse fato.
2. No segundo artigo, encontre no título duas palavras opostas que ajudam a ver os diferentes pontos de vista em debate sobre o tema.
3. Ambas as matérias apresentam argumentos com dados numéricos. Os números aparecem associados a quais palavras e ideias no primeiro parágrafo de cada matéria?
4. Releia o último parágrafo de cada matéria. Observe novamente o uso dos dados numéricos, notando qual delas apresenta razões históricas e sobre a diversidade com relação aos países de origem. Quais são as principais diferenças entre essas informações?

De olho nas imagens

Em geral, as notícias e reportagens dos meios de comunicação são acompanhadas de imagens que também apresentam informações e ajudam a expor ou apoiar um ponto de vista. Há, inclusive, jornalistas especializados em imagens, chamados fotojornalistas, que elaboram fotorreportagens, nas quais fatos são narrados por meio de fotografia.

Os fotojornalistas podem se especializar em diferentes assuntos, por exemplo: fotografia de guerras, de natureza, de eventos do cotidiano na cidade, retratos, esportes etc.

VAMOS AGIR

Em grupos, vamos fazer um trabalho de **observação** em que analisaremos as fotografias nas matérias sobre imigração das páginas anteriores, para refletirmos a respeito do que elas retratam.

1. Uma das fotografias é colorida, a outra está em preto e branco. Por que há essa diferença? Como esse componente da imagem está relacionado aos respectivos textos das matérias?
2. Quais eram a posição e a distância do fotógrafo no momento que as fotografias foram feitas?
3. O que essas fotografias revelam sobre as pessoas? Como é a expressão delas?

Reflita e registre

1. Reflita sobre a relação entre as informações contidas nas imagens e nas matérias. As fotografias complementam o texto escrito com informações? Em caso positivo, o que acrescentam? Registre suas observações no caderno.

APOIO

Sebastião Salgado: conheça o trabalho de Sebastião Salgado (1944-), fotógrafo brasileiro reconhecido internacionalmente por suas fotografias, que contam histórias de diversas populações do Brasil e do mundo. Embora não seja um jornalista, expressa grande capacidade de comunicação por meio de suas imagens. Digite em um *site* de buscas as palavras "SEBASTIÃO SALGADO" + "ÊXODOS", que é o nome de um de seus livros de fotografias, lançado em 2000, sobre imigrantes e refugiados.

William Volcov/Brazil Photo Press/AFP

Notícias e seus números

Os dados numéricos que acompanham as reportagens podem ser representados de diferentes modos. Às vezes, são citados ao longo do texto, em outras, o jornalista opta por apresentar essas informações em forma de gráficos. Leia, a seguir, um trecho de uma notícia sobre imigração que utiliza gráficos para apresentar as informações. Em seguida, analisaremos um desses gráficos.

Imigração em gráficos

www.gazetadopovo.com.br/mundo/6-graficos-que-explicam-por-que-os-eua-nao-vivem-uma-crise-de-imigracao-c1jth97z0wo4f3yy9124mvfuz

6 gráficos que explicam por que os EUA não vivem uma crise de imigração

Em termos numéricos, não há crise na fronteira dos EUA.A migração ilegal do México acabou e as entradas irregularesde pessoas de El Salvador, Guatemala e Honduras são pequenaspara os padrões históricos

Douglas Massey, 4 jul. 2018

Nas últimas semanas vimos notícias terríveis sobre a "crise" que se instalou na fronteira entre o México e os Estados Unidos. Na realidade, não há crise, pelo menos como foi retratado na imprensa e pela administração [do presidente Donald] Trump.

Entradas não documentadas através da fronteira são, na verdade, as mais baixas de todos os tempos. A entrada em massa de migrantes do México em busca de trabalho no vizinho do Norte acabou. [...]

A migração ilegal do México na verdade começou a declinar por volta de 2000 e despencou depois da grande recessão que ocorreu em 2008.

Isso não por causa da aplicação de controle de fronteiras dos EUA, mas por causa da transição de fertilidade no México. O número de filhos por mulher diminuiu 68% entre 1960 e 2016. [...]

Fonte: Controle de Fronteira dos EUA.

Douglas Massey. 6 gráficos que explicam por que os EUA não vivem uma crise de imigração. *Gazeta do Povo*, 4 jul. 2018. Disponível em: www.gazetadopovo.com.br/mundo/6-graficos-que-explicam-por-que-os-eua-nao-vivem-uma-crise-de-imigracao-c1jth97z0wo4f3yy9124mvfuz. Acesso em: 15 maio 2019.

1. Vamos interpretar e analisar alguns elementos na representação do gráfico.

a) Em 2000, quantos imigrantes mexicanos foram apreendidos na fronteira sul dos Estados Unidos?

b) Em que ano foram apreendidos 257 473 imigrantes não mexicanos?

2. Leia o texto logo abaixo do título do gráfico. Descreva como os dados do gráfico justificam o texto.

3. Com base no gráfico, analise as apreensões de mexicanos e não mexicanos ao longo do tempo.

4. Na frase "O número de filhos por mulher diminuiu 68% entre 1960 e 2016", observamos a expressão "por cento", simbolizada por %.

- Para dar um significado matemático à informação "número médio de filhos por mulher diminuiu 68%", imagine que, em 1960, o número médio de filhos por mulher mexicana fosse igual a 8 filhos. Nessas condições, qual seria o número médio de filhos em 2016?

> 68% é chamado **índice porcentual** (médio) ou **taxa porcentual** (média)
> 68% = 68/100 = 0,68

5. Observe as mesmas informações em um gráfico de linha, o que possibilita outra forma de comparação para análise de dados. O eixo relativo ao número de pessoas, em que se encontram os dados "1,024 mi de mexicanos" e "0,165 mi de não mexicanos" correspondentes ao ano de 2005.

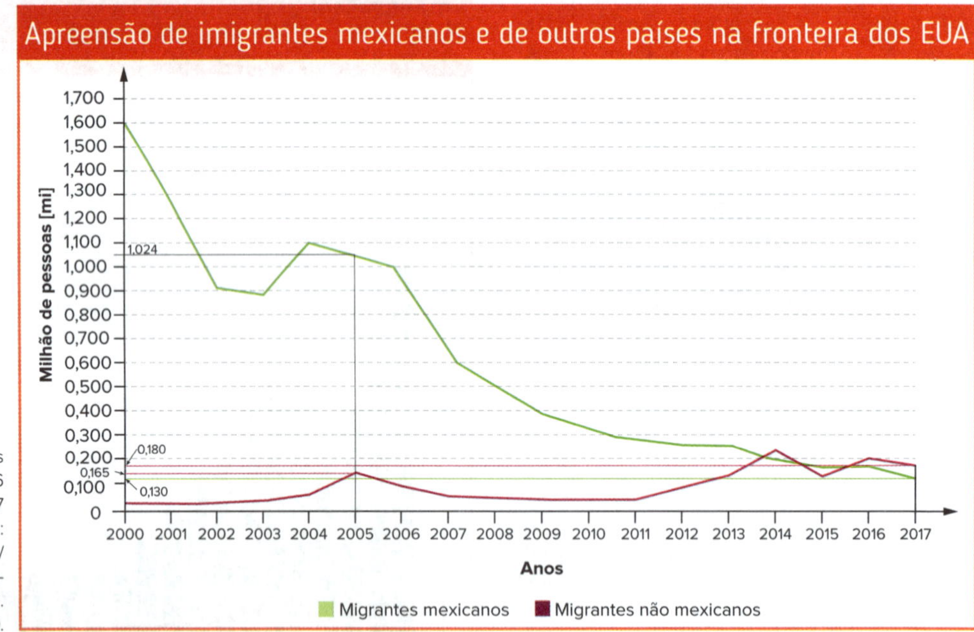

Fonte: Douglas Massey. Today's US-Mexico 'border crisis' in 6 charts. *The Conversation*, 27 jun. 2018. Disponível em: https://theconversation.com/todays-us-mexico-border-crisis-in-6-charts-98922. Acesso em: 9 abr. 2019.

a) Como se escrevem e se leem esses números com todos os seus algarismos no sistema decimal posicional?

b) Qual seria a justificativa para que jornais e outros veículos de informação utilizem valores numéricos expressos de origem diferente, por exemplo: 1,024 milhão de pessoas?

c) O número expresso por 1,024 mi é natural ou racional não natural?

6. De acordo com a reportagem, o predomínio do México como principal origem de imigrantes para os EUA declinou de modo acentuado. Para entender essa diminuição, podemos comparar a diferença entre o número de apreensões de mexicanos e de não mexicanos entre os anos de 2005 e 2017. Apresente argumentos com dados numéricos para explicar esse fato.

Taxa de fecundidade em gráfico

Continuando a explorar os dados a respeito da imigração nos EUA, um fator que pode ser considerado é a diminuição de crianças nascidas no México. O número de filhos por mulher diminuiu entre 1960 e 2016, o que fornece mais um dado à análise. Especialistas em populações observam que o nascimento de um menor número de filhos em um país leva a uma menor oferta de mão de obra, o que diminuiria o desemprego e aumentaria os salários, desencorajando a emigração.

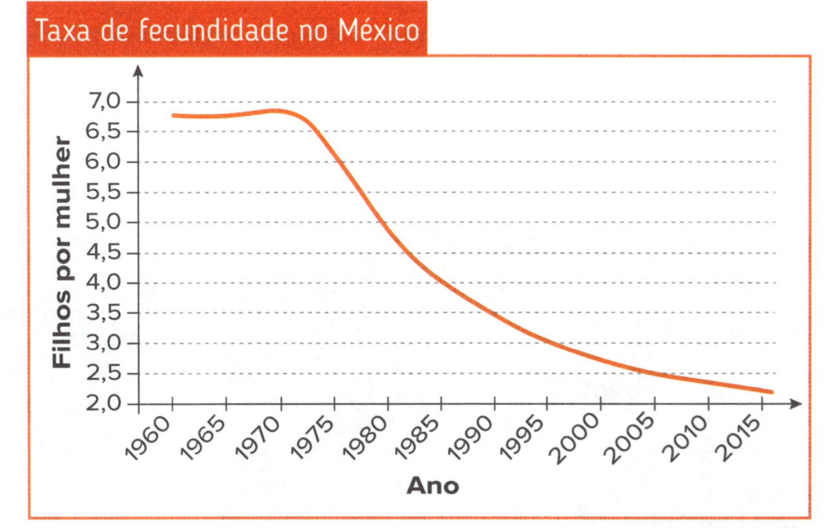

Fonte: Banco Mundial. Disponível em: https://data.worldbank.org/indicator/SP.DYN.TFRT.IN. Acesso em: 15 maio 2019.

Para determinada população, taxa de fecundidade é o número médio de filhos que uma mulher teria até o final de seu período reprodutivo, considerado na pesquisa dos 15 anos aos 49 anos. No gráfico acima, os dados de número médio de filhos estão expressos no eixo vertical. No eixo horizontal está indicado o período: os anos entre 1960 e 2016.

A queda nas taxas de fecundidade é um fenômeno que se verifica em quase todas as partes do mundo, inclusive no Brasil. O advento dos métodos anticoncepcionais, o planejamento familiar, a maior inserção da mulher no mercado de trabalho e o custo mais elevado na criação dos filhos são alguns dos motivos para essa mudança.

VAMOS APROFUNDAR

1. Vamos interpretar e analisar alguns elementos do gráfico.
   - a) No México, o número de filhos por mulher diminuiu entre 1960 e 2016. Em 1960, a taxa foi de cerca de 6,5 filhos por mulher e, em 2016, de cerca de 2,2 filhos: uma grande redução. Qual foi a porcentagem dessa diminuição?
   - b) Com base nesses dados, o que podemos concluir sobre o tamanho das famílias mexicanas no período de 1960 a 2016? Essa conclusão vale para o número de população total?

PENSANDO JUNTOS

1. Após a análise dos gráficos e dos números, releia as duas primeiras notícias desta etapa e troque ideias com os colegas a respeito das questões a seguir.
   - a) Como refletir sobre os dados numéricos apresentados? Eles podem ajudar na compreensão e análise das notícias anteriores?
   - b) Quais são as principais razões para as imigrações em todo o mundo? Procure nos textos anteriores e amplie as informações pesquisando o tema em livros, jornais e revistas (impressos e eletrônicos).

Onde estão as notícias?

A propagação das notícias pode ser feita por diversos meios e de diferentes maneiras. Por escrito, as notícias são encontradas em jornais diários, revistas semanais, sejam veículos impressos, sejam eletrônicos, como os *sites* de notícias na internet. Também é possível nos comunicarmos por meio de imagens ou fotografias. Em vídeos, divulgados pela televisão ou pela internet, vemos e ouvimos jornalistas e repórteres, que apresentam os eventos do dia no país e no mundo.

DreamPictures/The Image Bank/Getty Images

↑De um estúdio, a jornalista chamada âncora do noticiário anuncia as principais notícias do dia.

Evannovostro/Shutterstock.com

↑Repórter italiana trabalhando na Praça Taksim, em Istambul, Turquia. Da rua, o repórter pode ter um envolvimento maior com os acontecimentos e apresentar a notícia do momento, em tempo real.

A internet transformou a forma de se comunicar e de propagar informações, inclusive das notícias. Até mesmo veículos de comunicação mais tradicionais são retomados com uma nova cara. É o caso do rádio, no qual a comunicação, até a popularização da internet, ocorria exclusivamente por meio de áudio. Além de programas de rádio tradicionais transmitidos pela internet com áudio e vídeo, os *podcasts* se tornam cada dia mais populares. São áudios sobre diferentes temas, podendo conter entrevistas com especialistas, notícias diárias etc.

Munique Bassoli/Pulsar Imagens

↑Estúdio de rádio em Taquaritinga, São Paulo. Enquanto a transmissão de rádio acontece, uma mulher usa *smartphone* para transmitir som e imagem via redes sociais.

Tero Vesalainen/Shutterstock.com

↑Os *smartphones* popularizaram o uso da internet portátil, ampliando as formas de comunicação e transmissão de notícias, como por meio dos *podcasts*.

Com a internet, a exposição da vida pessoal nas redes sociais se difundiu e transformou as formas de comunicação. Há pessoas que se dedicam a produzir diferentes conteúdos e divulgá-los pela rede sem a interferência de grandes canais de televisão ou das redações de jornais. Se por um lado isso ajuda a democratizar o acesso a informações e a transmissão delas, por outro, abre a possibilidade de divulgação de informações falsas que não passam pelo crivo de pesquisadores. Com a popularização da internet e das mídias sociais, o trabalho dos jornalistas em garantir que notícias sejam produzidas com informações confiáveis se torna ainda mais importante.

O que você acha importante se tornar notícia? Acompanhe um evento do cotidiano ou assunto que esteja sendo debatido em diferentes meios de comunicação. Lembre-se de que podemos nos comunicar de diversas maneiras.

1. Selecione um mesmo evento (uma partida de futebol, um *show* de música etc.) ou assunto (imigração, educação, violência etc.) transmitido em diversos meios de comunicação (impresso, televisivo e na internet). Faça anotações, registrando as abordagens e informações divulgadas nos diferentes meios, para exemplificar suas observações.

Reflita e registre

1. Elabore um texto que aponte as diferenças observadas naquele assunto ou evento, tentando responder:
   a) Em qual meio de comunicação podemos dizer que houve planejamento no texto (escrito ou falado)?
   b) Qual meio de comunicação apresentou o evento ou assunto de forma mais improvisada e informal?
   c) Como podemos perceber essas diferentes características (planejamento, improviso, formalidade e informalidade) nos meios pesquisados?
   d) Onde encontramos maior envolvimento do jornalista, com a manifestação de opiniões em relação aos eventos ou temas abordados?

Deixe um comentário

Muitas vezes, leitores e telespectadores são convidados a se comunicar ou interagir com jornais e revistas impressos ou na internet. Eles podem mostrar como estão se sentindo ou emitir sua opinião em forma de comentário. Especificamente nos jornais, costuma haver um espaço para "cartas do leitor", em que são feitos elogios, reclamações, correções e comentários. Observe o exemplo ao lado de uma carta do leitor.

Sumiço dos gatos

Pelo que li em reportagem deste jornal semana passada, a prefeitura nega que está exterminando os gatos daqui de Curitiba (PR). Mas a nossa percepção é outra coisa. Estão sim fazendo isso e à luz do dia. Estão contrariando a lei que afirma que é preciso tratar dos animais abandonados. Um furgão azul tem sido visto rondando as ruas do meu bairro recolhendo os animais. Já foram abordados por moradores, e esses funcionários da prefeitura afirmam que têm autorização da administração para isso. Para onde estão levando os animais não dizem, é um local ignorado. Se fosse para cuidar deles, dariam satisfação quando perguntamos, mas não. Mas isso não ficará assim, espero que a imprensa continue cobrando os responsáveis e nós vamos procurar órgãos de defesa dos animais.

Valdirene Batalliota

Monkey Business Images/Shutterstock.com

Há vários artigos na internet que, ao final, têm a seção de comentários.

VAMOS APROFUNDAR

1. Com base nas matérias que lemos neste projeto sobre imigração e, agora, conhecendo a possibilidade de debate, redija um comentário ou carta do leitor para um dos jornais dos trechos analisados. Ao elaborar seu comentário e defender seu ponto de vista, lembre-se de que é importante se expressar de forma respeitosa, considerando que há pessoas com ideias diferentes das suas.

PENSANDO JUNTOS

1. O que podemos concluir sobre a elaboração das matérias de jornal considerando a escolha das abordagens e a seleção de dados?
2. Até o momento, como podemos formular uma resposta à questão norteadora do projeto: Por que há diferentes maneiras de informar um mesmo fato em textos jornalísticos?

ETAPA 2 FAZENDO ACONTECER

A turma deve ser organizada em grupos, com três ou quatro alunos, e cada grupo deve se dedicar a uma proposta. É necessário que as três propostas sejam escolhidas.

Agora você pensará nas escolhas para elaborar a matéria que o grupo definir, de acordo com a proposta investigativa. Qual é o tema? Qual é o ponto de vista? Como preparar uma matéria de jornal? Como os dados numéricos podem apoiar as informações?

Orientações gerais

A produção de uma matéria de jornal inclui algumas etapas, descritas a seguir.

1. **Preparação:** pesquisem o assunto em várias fontes (pessoas, documentos, dados numéricos e imagens) para aprofundar o tema e definir o posicionamento de vocês e as ideias a serem defendidas.
2. **Desenvolvimento:** transformem a pesquisa em texto, selecionem imagens (históricas ou recentes) e elaborem legendas para elas.
3. **Fechamento:** releiam o texto redigido, bem como as imagens selecionadas. Verifique se as ideias estão sendo transmitidas de forma compreensível; revisem a ortografia e gramática; deem um título à matéria; escrevam um olho (pequena frase que complementa o título), um lide (resumo que vem no início do texto jornalístico). Depois, disponibilizem a matéria na mídia escolhida (impressa ou digital).

PROPOSTA INVESTIGATIVA 1

NOSSA ESCOLA

Meta

Aprofundar o conhecimento sobre um tema escolhido a respeito de nossa escola.

O objetivo desta proposta é conhecer a escola investigando sua história ou algumas características atuais. Alguns tópicos podem ser abordados, por exemplo: história da escola; o caminho da merenda (do produtor dos alimentos até chegar aos alunos, passando pelos responsáveis por seu preparo); as mudanças no número e no perfil de alunos ao longo do tempo; a participação da escola em eventos regionais como campeonatos, festivais de música ou teatro, campanhas solidárias; a sua situação no Índice de Desenvolvimento da Educação Básica (Ideb) etc. Será que conhecemos a história de nossa escola, bem como seus detalhes de funcionamento diário e outras curiosidades?

APOIO

A história da Educação no Brasil: uma longa jornada rumo à universalização, de Rodrigo Azevedo (*Gazeta do Povo*). Esse texto apresenta uma investigação sobre a história das escolas no Brasil. Disponível em: www.gazetadopovo.com.br/educacao/a-historia-da-educacao-no-brasil-uma-longa-jornada-rumo-a-universalizacao-84npcihyra8yzs2j8nnqn8d91/. Acesso em: 15 maio 2019.

Qual foi a primeira escola?, de Luiz Fujita (*Superinteressante*). Pequena linha do tempo com destaque para os principais acontecimentos históricos sobre as escolas. Disponível em: https://super.abril.com.br/mundo-estranho/qual-foi-a-primeira-escola. Acesso em: 15 maio 2019.

Primeira fase

Individualmente

O grupo pode optar por dividir as tarefas, mas as entrevistas podem ser produzidas por todos. O importante é cada um contribuir com o projeto.

1. Busque fontes (documentos, matérias de jornais e revistas, fotografias, *sites* etc.) que contenham informações sobre a história da escola, detalhes de seu funcionamento e curiosidades.
2. Converse com a equipe de funcionários sobre o histórico e o funcionamento da escola, procurando ampliar e/ou esclarecer informações obtidas na pesquisa com as fontes.
3. Inclua dados numéricos na pesquisa, por exemplo, data da inauguração, número de diretores ao longo dos anos, quantidade atual de professores e funcionários, número de salas de aula, idade dos alunos etc.
4. Entreviste ex-alunos da escola de várias idades. O testemunho de alunos mais velhos ajuda a enriquecer o histórico da escola. Elabore um questionário para saber, por exemplo, em que época frequentaram a escola, em qual período estudavam (manhã, tarde ou noite), quais eram as disciplinas preferidas, quem eram os professores etc.

João Prudente/Pulsar Imagens

↑ Alunos de escola na cidade de Sumaré (SP). Você passa muitas horas na escola; é chegado o momento de se reunir com os colegas para discutir modos de conhecê-la melhor.

Segunda fase

Em grupo

1. Ao debaterem os resultados da pesquisa, avaliem as informações obtidas conferindo o roteiro apresentado nas orientações gerais.
2. Se necessário, façam novas pesquisas para definir o tipo de material a ser produzido pelo grupo sobre a escola: reportagem, fotorreportagem, notícia, artigo de opinião.
3. Transformem a pesquisa e a entrevista em matéria de jornal, com texto e imagens (no caso de uma fotorreportagem, o texto entra no título e como legenda das fotografias).
4. Apresentem as conclusões da pesquisa com dados numéricos em gráficos, tabelas ou pequenos textos explicativos, acompanhados de fotos ou ilustrações.
5. Releiam o texto, revisem sua ortografia e gramática e verifiquem se o ponto de vista escolhido pelo grupo está claro.

PROPOSTA INVESTIGATIVA 2

NOSSA COMUNIDADE

Meta

Desenvolver uma matéria a respeito de um espaço de vivência.

A história do bairro e da comunidade pode ser resgatada por meio de documentos (fotografias, matérias em jornais ou revistas etc.) e pelos relatos dos moradores. Nos espaços do cotidiano e de lazer (praças, parques, espaços para práticas de esporte) é que encontramos os demais moradores da comunidade, desenvolvemos relações de amizade, entre familiares etc. Mas como são e como eram os espaços de nosso dia a dia e de lazer do bairro?

A escolha do tema deve partir da observação dos espaços. Assim, é importante descobrir e analisar as transformações que ocorreram nos espaços cotidianos da comunidade, em que edifícios novos são levantados, casas são demolidas, córregos são aterrados etc. Descubra também se há espaços coletivos que precisam de melhorias, se a comunidade está atenta a essas questões e como um texto jornalístico poderia ajudar a chamar atenção para esses espaços. Observe ainda os exemplos de lazer da comunidade e relate suas histórias de sucesso.

Primeira fase

Individualmente

O grupo pode optar por dividir as tarefas, mas as entrevistas podem ser produzidas por todos. O importante é cada um contribuir com o projeto.

1. Pesquise os espaços investigados fazendo um levantamento de fontes (documentos, matérias de jornais e revistas, fotografias, *sites* na internet etc.) que apresentem dados sobre sua história.
2. Busque também dados numéricos, como mudança na quantidade e variedade de espaços de lazer, número de frequentadores, datas de inauguração de espaços, atividades promovidas (como festas, quermesses, *shows*, eventos esportivos etc.).
3. Elabore o planejamento para um dia de investigação no espaço escolhido. Nesse dia, faça entrevistas com os frequentadores do espaço.
4. Tire fotografias dos locais e das pessoas entrevistadas. Lembrem-se de que é necessário pedir autorização para as pessoas antes de fotografá-las.
5. Para obter e/ou verificar informações e registros, converse com antigos moradores do bairro.

Segunda fase

Em grupo

1. Transformem as informações coletadas nos documentos e nas entrevistas em uma matéria de jornal, com texto escrito e imagens.
2. Ao debaterem os resultados da pesquisa, avaliem as informações obtidas conferindo o roteiro de perguntas apresentado nas orientações gerais.
3. Se necessário, façam novas pesquisas para definir a escolha do tipo de matéria a ser produzida: reportagem, fotorreportagem, notícia, artigo de opinião.
4. Apresentem suas conclusões em gráficos, tabelas ou pequenos textos explicativos, acompanhados de fotos ou ilustrações.
5. Releiam o texto, revisem a ortografia e a gramática e verifiquem se o ponto de vista de vocês está claro.

Alexandre Tokitaka/Pulsar Imagens

↑ Nesse exemplo de espaço público, jovens estão concentrados em praça com pista de *skate* no Parque Municipal Zilda Natel, São Paulo (SP).

PROPOSTA INVESTIGATIVA 3

PERSONALIDADES DO BAIRRO

Meta

Desenvolver uma matéria sobre uma personalidade do bairro.

Entrevistar pessoas pode ser fonte de informações e conhecimento. Uma entrevista pode fazer parte de uma pesquisa para uma reportagem ou se transformar no principal objeto da matéria. De maneira geral, é importante saber que a entrevista não é uma conversa informal, mas sim algo preparado com antecedência. Nessa preparação, o jornalista precisa pesquisar o assunto sobre o qual o entrevistado irá falar para, assim, elaborar as perguntas e explorar o tema da melhor maneira possível. Com tempo e experiência, o jornalista desenvolve seu próprio modo de fazer uma boa entrevista.

Muitas pessoas ao nosso redor sabem contar boas histórias sobre sua vida e experiências na comunidade: um idoso, antigo morador do bairro; uma artista ou atleta; um professor ou funcionário dos Correios. Você conhece alguém que conta boas histórias, uma "personalidade" do bairro onde você mora?

Primeira fase

Individualmente

Dividam as tarefas entre os integrantes do grupo e cumpram as etapas a seguir individualmente ou em dupla.

1. Faça um levantamento prévio sobre as personalidades do bairro pensando nos assuntos que elas podem saber e verifiquem sua disponibilidade para conceder uma entrevista. Compartilhem os resultados no grupo para decidirem coletivamente quem será a pessoa escolhida.
2. Pesquise o tema e os assuntos que o entrevistado conhece: documentos (artigos de jornal ou revista, fotografias antigas e recentes) dessa personalidade.
3. Elabore um roteiro de perguntas para explorar os assuntos a serem conversados. Investiguem aspectos sobre a vida profissional da personalidade por meio de perguntas. Por exemplo, um atleta vai contar sua história pessoal no esporte, então é importante que ele responda a perguntas como: Você ainda pratica esse esporte? Há quanto tempo? Participou de algum campeonato? Quais?
4. Agende o dia da gravação da entrevista e levem as perguntas anotadas, bem como um gravador (ou o celular) para registrar a conversa.

Segunda fase

Em grupo

1. Depois da gravação, é preciso transformar a entrevista em um texto jornalístico, acompanhado de imagens. Decidam qual é a melhor forma de transmitir o tema pesquisado: citando trechos da conversa ou reproduzindo a entrevista de forma direta?
2. Transcrevam, do áudio para o texto escrito, as respostas do entrevistado, fazendo uma edição para cortar trechos repetitivos e hesitações da fala.
3. Releiam o texto, revisem-no e analisem se o ponto de vista de vocês está claro, ou seja, se o que querem destacar está presente no texto final.

Estudante entrevista mulher para atividade escolar. Nem tudo o que é gravado deve necessariamente aparecer no texto final. É importante fazer escolhas na elaboração da matéria que facilitem o entendimento do leitor. Esse processo é feito após a entrevista, durante a edição.

Fernando Favoretto/Criar Imagem

ETAPA 3 RESPEITÁVEL PÚBLICO

É chegada a hora de finalizar as propostas investigativas feitas pelos grupos e comunicá-las para um público mais amplo. Todas elas se relacionam ao tema geral do projeto e à questão do quadro **Direto ao ponto** (página 65).

Os produtos finais são momentos de troca e de compartilhamento, entre os alunos, do que foi aprendido durante o processo. É justamente a participação de cada aluno nas apresentações de todos os grupos que possibilita a compreensão do tema deste projeto de forma mais ampla.

Neste projeto, produzir e divulgar matérias que investigam aspectos da escola, da comunidade e das personalidades do bairro possibilita uma maior compreensão sobre as diferentes maneiras de produzir notícias.

- Encontrem a melhor possibilidade de divulgação do jornal da turma: um *site*, *blog* ou jornal impresso, uma exposição com cartazes ou apresentação de *slides*.
- O produto coletivo deve ser preparado e apresentado à comunidade.
- Na organização final da publicação, definam o que consideram mais importante para comunicar a seu público, independentemente de ser da própria escola ou da comunidade.
- Definam o título do jornal/*site*/*blog*, bem como sua organização interna.

Produto final

Publicação impressa ou divulgação em outras mídias (como *sites* ou *blogs* na internet) das matérias produzidas pelos grupos.

Avaliação coletiva

Em uma aula com os professores de Língua Portuguesa e de Matemática, toda a turma conversará sobre o desenvolvimento do projeto escolhido. Seguem algumas perguntas para nortear a conversa:

- Tendo em vista os temas investigados, o que foi aprendido com este projeto?
- Os produtos finais elucidaram a questão norteadora? São possíveis outras respostas?
- Que outras investigações poderiam ser feitas?
- A resposta à questão norteadora se modificou ou foi ampliada? Em quais aspectos?

A avaliação final do projeto leva em consideração todo o processo envolvido nas discussões e pesquisas, bem como a qualidade dos produtos finais apresentados pelo grupo.

Avaliação individual

Conclua a avaliação feita ao longo do projeto.

AkilinaWinner/iStockphoto.com

Os meios de ter acesso à informação mudaram bastante desde o primeiro jornal conhecido, lá no Império Romano. Atualmente, um colega nos envia um *link* e, pelo celular, temos acesso imediato a um conteúdo jornalístico. É justamente essa facilidade de compartilhamento de notícias que exige mais conhecimentos para formarmos nosso senso crítico e agirmos em sociedade.